ET TOUJOURS REBONDIR

Axel Allétru
avec Peggy Olmi

ET TOUJOURS REBONDIR

*Postface du docteur
Ali Khaled*

Albin Michel

À mes parents qui m'ont soutenu dans tous mes choix,
à Charlotte, à mes soignants et à mes aidants
sans qui je n'aurais pas pu défier les lois de la médecine
et à mes fidèles amis.

Et surtout, à mes deux fils, Oscar et César.

Introduction

Je m'appelle Axel Allétru. J'ai trente-quatre ans. J'ai toujours voulu être le meilleur. Depuis que j'ai six ans, je vis dans la performance et la compétition. BMX, motocross... Je suis vite devenu professionnel. J'avais de l'assurance, de la technique, des capacités et beaucoup d'ambition. Rien ne pouvait m'arrêter. Jusqu'à ce jour où ma vie a basculé. Un grave accident m'a privé de l'usage de mes jambes à l'âge de vingt ans. La plupart des médecins m'ont annoncé que j'allais finir mes jours en fauteuil roulant.

Ils avaient tort.

La mythologie qui m'entoure parle de guérison inexpliquée ou de « miracle » selon les croyances, d'autant que je suis par la suite redevenu champion dans d'autres disciplines : natation, triathlon, rallye Dakar face aux personnes valides.

Cela n'a pourtant rien d'inexplicable. Il faut chercher les raisons de ma résilience dans les interstices de mon histoire : dans les fêlures, le doute, le découragement parfois, les douleurs insupportables mais aussi dans cette force vitale qui m'a toujours poussé à avancer, à croire en mes capacités ; toutes ces fois où je suis tombé plus bas avant de me relever plus haut. Toutes ces fois où j'ai tiré un enseignement de ce qui m'arrivait, où j'ai lâché prise, où j'ai réussi à me faire confiance malgré tout.

Aujourd'hui, je partage mon expérience sur scène, dans les conférences que j'anime chaque année partout dans le monde. Il est temps de le faire par écrit. Je n'ai pas la prétention de tout savoir ni d'être un parangon de la résilience, terme tellement galvaudé de nos jours. Mais j'aimerais vous donner quelques clés, simples et applicables au quotidien, parce que, dans les moments difficiles, j'aurais aimé me référer à un parcours inspirant. Rebondir s'apprend. Que vous soyez en situation de handicap ou non, éreinté·e par une situation professionnelle qui ne vous convient plus, fatigué·e par une charge mentale liée à votre environnement familial, en déficit de confiance à force d'avoir croisé la route de personnes aux croyances limitantes, ce témoignage est fait pour vous.

Je m'appelle Axel Allétru. J'ai trente-quatre ans. Et je vais vous raconter ma véritable histoire. Une histoire à dormir debout.

L'accident

On se croirait au camping. Des centaines de sapins perforent le ciel. L'odeur du sable brûlé me pique le nez. Garés n'importe comment sur un coin d'herbe, des camions charrient le matériel des équipes. Le soleil se fracasse sur la ferraille de nos bécanes. 27 juin 2010. Trente-cinq pilotes internationaux de motocross ont fait le déplacement en Lettonie pour espérer remporter le titre suprême. C'est mon premier championnat du monde en tant que professionnel. J'ai vingt ans. Je suis bon. J'ai la rage ! Mon nom fait partie des grands espoirs du sport mécanique. Je vis moto, je pense moto, je lis moto, je rêve moto. Une vraie machine de guerre ! Qu'est-ce qui pourrait m'arrêter ?

Mes pas s'enfoncent dans ce sol jaune qui tire vers le rouge. Le sable particulièrement meuble s'infiltre partout, redessinant le parcours de la course au gré des passages. Trente mille personnes – certaines en provenance de Finlande, d'autres d'Estonie – sont venues nous acclamer. Mes parents sont présents. Ils ont toujours soutenu mes prises de risques mais je sais ce qu'il en coûte à ma mère, tellement stressée à l'idée d'un accident. Il faut dire que je lui en ai fait voir de toutes les couleurs depuis que j'ai deux ans : chutes, fractures, rupture des ligaments croisés… Heureusement, je m'en suis toujours bien sorti. Ces derniers temps, me voir piloter était devenu trop éprouvant. Elle a choisi une technique très personnelle : elle m'accompagne aux compétitions mais reste dans un camion. Elle me soutient par la pensée et attend qu'on lui annonce que j'ai passé la ligne d'arrivée sain et sauf pour venir me féliciter. Aujourd'hui plus que jamais, elle patientera à l'abri, le souffle suspendu, les mains nouées : impossible pour elle de rater le moment le plus important de la vie de son fils, même si elle ferme les yeux !

Je fais partie des cinq pilotes juniors qui ont accédé cette année-là au statut de professionnel. Ces championnats sont lourds de sens. Ils couronnent des années de sacrifice et une carrière déjà longue, issue d'un amour fou pour la vitesse et le sens de l'équilibre. J'ai commencé tout petit sur un vélo dont les stabilisateurs ont rapidement été ôtés, j'ai poursuivi à six ans sur un BMX (trois titres de champion européen, un titre de vice-champion du monde), puis à onze ans sur une moto (vice-champion du monde junior en 2008). Je fais partie de l'écurie KTM, une des meilleures du monde. On dit « écurie », comme pour les chevaux. Et pour cause : je suis une vraie bête de course ! Je n'ai aucune vie sociale en dehors du circuit. J'ai quitté l'école juste avant mes seize ans, pour la moto. Alors quand j'arrive en Lettonie, je ne suis pas là pour plaisanter. Je ne vise pas le titre ;

je suis trop jeune. Mais pourquoi pas le top 15, voire le top 10 ?

La veille, lors des qualifications, je n'ai pas été très performant. Poussif dans mes trajectoires, j'ai terminé vingt-quatrième sur trente-cinq. Cela ne m'affecte pas plus que ça ; je connais la volatilité de ma concentration dans les phases préparatoires. Seule chose qui m'ennuie : la place octroyée à chaque pilote sur la grille de départ est fonction de son chrono lors des qualifications. Moins vous performez, moins vous êtes correctement positionné pour aborder le premier virage et plus vous perdez du temps. Fort de ces informations, Armando, le mécanicien dévoué qui me suit depuis trois ans, passe une partie de la nuit précédant la course à optimiser des réglages de suspension, des bricoles sur le moteur. Quant à moi, je dors assez mal mais suffisamment pour récupérer. Je me réveille confiant. Confiant et, surtout, heureux d'aller disputer cette course si prestigieuse.

À 9 heures, je suis convoqué pour l'échauffement, le *warm up*, comme on dit dans le jargon : quelques tours de moto qui me permettent de sentir l'évolution du terrain. Déjà 30 °C à l'ombre. Une chaleur sèche qui cloue au sol. J'embraye, je file… Parfait ! Je sens ma conduite plus fluide que la veille ; le travail d'Armando a payé. Je retourne au paddock où toutes les motos stationnent. J'ai l'habitude des sols en bitume, propres, carrés, mais en Lettonie, le sable s'invite n'importe où et n'importe comment, à l'image d'une organisation qu'on devine plutôt légère. Dès que j'ai atterri, j'ai pensé aux clichés de l'ex-URSS. Tout semblait d'une autre époque : les voitures, les routes ou plutôt les chemins de terre. Et maintenant, cet espace ensablé qui fait office d'arène pour la course la plus importante de l'année en motocross.

Quelques heures plus tard, un peu avant midi, je m'apprête avec les autres pilotes à effectuer un dernier tour de reconnaissance à faible allure, avant de m'équiper de pied en cap. On se toise, on se jauge. Mon pouls s'accélère. La pression monte. Ce fichu sable a encore fait évoluer le circuit mais ça va, je « sens » bien le terrain. Me voilà psychologiquement prêt pour la course. Je rentre dans ma bulle ; « ma zone », comme je l'appelle. Un espace mental hors du temps, régi par une mécanique de gestes qui me rassurent. J'enfile d'abord les orthèses, ces genouillères qui protègent les ligaments de mes jambes. J'attache le premier scratch en haut, puis celui du bas. Premier clip pour attacher ma botte droite. Puis celui du milieu. Seulement après, l'autre jambe. Toujours les mêmes gestes, toujours dans le même ordre. Ceinture au niveau des reins. Pare-pierres sur le dos et le torse pour se protéger en cas de choc. Collier cervical, une espèce de minerve qui évite le coup du lapin. Ce dernier équipement n'est pas obligatoire. J'hésite. Il fait 35 °C. Je dégouline déjà. Je lance à Armando :

– Je ne vais pas mettre le collier. Trop chaud. Je me sentirai plus à l'aise sans ça.

– Non, Axel. On ne sait jamais. Je m'en voudrais toute ma vie s'il t'arrive quelque chose. Et je ne te parle même pas de ton père !

Soit. J'enfile le collier. Le casque. Les lunettes *roll off* dont il suffit de tirer sur l'écran pour chasser la poussière. Je vérifie plusieurs fois l'ouverture du robinet d'essence de la moto, même si Armando l'a déjà fait à maintes reprises. Puis c'est le signe de croix. Autant de superstitions qui me sécurisent et me font pénétrer de plus en plus profondément à l'intérieur de moi-même. Les encouragements de la foule retentissent déjà mais je n'y prête aucune attention. Un dinosaure pourrait à ce moment-là croiser ma route, je ne le verrais pas. Je suis concentré comme jamais. Tous mes sens palpitent vers un seul objectif : la course parfaite. Je fais partie des trente-cinq meilleurs pilotes du monde. « Dix secondes… » Je suis un guerrier. « Cinq secondes… » Je vais tout donner ! Top départ ! Les moteurs vrombissent dans une gerbe de sable jaune. Malgré ma mauvaise position sur la grille, mon départ est excellent. À l'approche du premier virage, je suis déjà dans le top 10. On se double, on se redouble, on dérape, on se rattrape… Vu de l'extérieur, c'est la cohue mais chacun d'entre nous sait exactement ce qu'il fait. Propulsé par l'adrénaline, je me faufile dans le top 5. Je me fais redépasser par quelques pilotes mais le top 10 reste à ma portée. Je garde le rythme. Je roule impeccablement depuis environ quatre minutes ; mes trajectoires sont fluides. Chapelet de petites bosses en vue. Elles ne me font pas peur : je les ai bien repérées tout à l'heure. Chacune mesure environ un mètre cinquante de haut, sur une longueur de soixante-dix mètres. On y va !

Je détecte une ornière juste avant l'appel de la première bosse. Ma roue avant la franchit sans problème ; je m'apprête à prendre mon envol en pleine maîtrise. Sauf que ma roue arrière qui suit la même trajectoire vient buter contre un trou invisible formé depuis quelques heures au fond de cette même ornière ! Celui-là, je ne l'avais pas anticipé. Éjection instantanée de ma moto vers l'avant. Corps propulsé en l'air comme une poupée de chiffon. Pas le temps d'avoir peur. Chute inévitable. Je serre les dents. *Pourvu que...*

Le bas de mon dos percute en premier le sol dans un craquement dont je me souviendrai toute ma vie.

Vite, se relever : c'est le signe que je vais bien, qu'il n'y a rien de grave. C'est notre code depuis mes débuts en compétition, à mon père et à moi. Depuis les stands en hauteur, je sais qu'il n'attend que cela. Mais c'est dangereux : personne n'arrête la course, les pilotes continuent de foncer ! Je suis tombé derrière la première bosse et ils ne peuvent pas me voir. Tant pis. Il faut que je me relève. Mais impossible de remuer. Je ne ressens plus rien dans les jambes. Plus rien ! Je ne peux pas bouger ! Armando descend en quatrième vitesse des gradins, se rue sur le circuit malgré les interdictions des autorités. À quelques mètres de là, on alerte ma mère restée dans le camion. Ce qu'elle redoutait plus que tout au monde vient de se produire.

Son sang ne fait qu'un tour. Elle sort et se précipite à la recherche de mon père, qui n'est plus qu'à quelques mètres de moi. Je plonge mes yeux dans les siens.

– Papa, c'est très grave.

– Je sais.

Je suis condamné à attendre les secours. Dépendant. L'absence d'organisation de ces championnats devient alors criante. Ce ne sont pas des ambulanciers qui débarquent mais des bénévoles à qui on a offert un pack de bières pour venir agiter un drapeau. Il est midi et demi et ils sont déjà très imbibés. On me parle, sans doute en letton. Je ne comprends rien. Aucun d'eux ne maîtrise le moindre mot d'anglais. J'agite les bras, leur fais de grands signes, leur indiquant que je ne peux pas bouger le bas de mon corps. Ils insistent pour me transporter sur un brancard, qui s'avère être une simple planche ! Mon père sait que ma colonne vertébrale est en péril. Il se lance à son tour dans une chorégraphie que les ambulanciers avinés ne déchiffrent pas davantage. Armando hurle :

– Ne le touchez pas ! C'est dangereux ! Ne touchez surtout pas son dos !

Rien n'y fait. Seul objectif des gars : m'évacuer le plus vite possible pour ne pas arrêter la course ; un scandale qui n'aurait lieu nulle part ailleurs. Mais pour le moment, pas question de m'appesantir là-dessus. Je connais les mécanismes de mon corps : l'adrénaline m'a shooté aux antalgiques naturels lors du choc, mais ses effets ne vont pas durer. Je ne vais pas tarder à souffrir. Depuis le temps que j'expérimente mes capacités et mes limites, j'ai acquis un certain nombre de connaissances anatomiques et neurologiques. Je sais aussi qu'une colonne vertébrale touchée doit s'opérer dans les six heures maximum, sans quoi on ne répond plus de rien. Le temps m'est compté.

Je suis trimballé sur la planche. Une ambulance m'attend ; modèle des années 80, aussi vétuste que tout le reste. Un pareil accident s'assortit forcément d'un transport en hélicoptère jusqu'à Riga, la capitale de la Lettonie. Mais où est l'hélico ? On rassure mes parents : l'engin se trouve à cinq kilomètres car se poser en pleine forêt est impossible.

La grande mascarade commence à cet instant. Mon père et ma mère, au comble de l'anxiété, insistent pour monter dans l'ambulance avec moi. On le leur interdit, ils devront prendre la route par leurs propres moyens. Oui, les règles sont fluctuantes là-bas : une course de moto peut se poursuivre alors qu'un homme est à terre mais tes parents ne peuvent pas t'accompagner alors que tu as vingt ans, que tu viens de te péter le dos et que personne ne parle anglais ! Garder son calme, coûte que coûte. Je serre les dents dans l'ambulance. Cinq kilomètres pour rejoindre l'hélico, ça va aller vite. Mais le type au volant conduit comme un dingue et les routes ressemblent à des chemins de tracteur : trous, nids-de-poule, dos-d'âne… Les suspensions du véhicule sont inexistantes. Je glisse mes mains sous mes fesses pour tenter d'atténuer les chocs. Rester calme, encore… Mais c'est si long ! Je m'énerve en anglais :

– Où est l'hélico ?!

– Pas d'hélico.

– …

Il n'y aura jamais d'hélicoptère et Riga est à une heure quinze de route. Sur l'échelle de la douleur que les professionnels de santé utilisent et qui compte dix niveaux, j'atteins très vite cent. Je n'ai pas de morphine, pas même un simple antalgique. Cette atroce sensation s'insinue peu à peu dans chaque particule de mon corps. Comment tenir ? Mon cerveau passe en mode survie. Je me concentre… Là ! Je ressens une infime contraction au niveau de ma cuisse gauche. Peut-être que tout n'est pas fichu ? Et si mes jambes pouvaient encore remuer ? Je m'accroche à ce si faible signal. L'ambulancier continue de conduire comme un fou. Je souffre le martyre. J'arrive enfin à l'hôpital de Riga.

On est dimanche. L'attraction de la journée, c'est moi ! Infirmiers, médecins, chirurgiens, personnel d'accueil… Tout le monde s'affaire dans une cacophonie incompréhensible puisqu'une fois de plus, personne ne parle anglais. Mes parents arrivent. À bout de force, je leur glisse :

– Il n'y a jamais eu d'hélico !

Mon père se montre décontenancé. Son impuissance est flagrante. Mon mécano est là aussi. Tant bien que mal, la version des infirmiers nous parvient : s'il n'y a pas eu d'hélico, c'est parce que je suis tombé dans les pommes et que cela aurait été trop dangereux de me transporter dans cet état ! Mais je ne me suis jamais évanoui ! Jamais ! La mascarade continue et je comprends qu'elle a été préméditée : si mes parents avaient été autorisés à monter dans l'ambulance, le mensonge n'aurait pas tenu. Et l'incompétence des organisateurs aurait été mise au jour.

Je dois passer des radios pour évaluer l'ampleur des blessures. Le cirque se poursuit : l'infirmière qui tente de me déshabiller tire sur ma botte de moto alors qu'elle est accrochée par des clips. Elle n'y parvient pas, tire encore, m'arrache la peau, fait bouger ma jambe. Mes parents s'interposent en criant. Ils finissent par découper eux-mêmes mes vêtements tout doucement, me manipulent le moins possible. Je n'ai plus d'énergie. Deux heures que dure mon calvaire ! Dans les immenses couloirs tout sombres qui me mènent au secteur radiologie, je m'évanouis de douleur.

Je me réveille après une opération de sept heures. Ma souffrance atteint des seuils que je pensais inenvisageables. Je vis un enfer. Un patient à ma gauche, un patient à ma droite, zéro infirmier. C'est le bazar, ça sent mauvais. Les soins intensifs en Lettonie ressemblent à un hôpital de guerre. Mes parents n'ont pas le droit de venir. Je vomis dans mon lit ; effets secondaires de l'anesthésie. Personne ne vient m'aider. Je passe deux heures dans des draps souillés. Je rêve d'un verre d'eau. Toujours personne. Quand enfin une infirmière pénètre dans la chambre, elle se montre extrêmement agressive. J'essaie de lui faire comprendre que la douleur à mon genou est insupportable. Un de ses collègues empoigne un appareil de radio mobile, jauge mon état et fait signe qu'il faut m'amputer ! Des infirmiers débarquent avec des stylos et commencent à dessiner des pointillés sur ma peau en mimant le va-et-vient d'une scie ! J'ai vingt ans, je suis seul, incapable de bouger et j'ai face à moi une bande de tarés qui veulent me couper la jambe !

– Vous êtes fous ! Arrêtez ! Arrêtez tout de suite !

Première fois que je panique depuis l'accident. Une aide-soignante blond platine empoigne mon bras et le plaque violemment contre le lit. Elle m'administre de la morphine. Une dose de cheval. Je suis complètement *stone*. À force de réclamer mes parents, ils sont autorisés à m'approcher. J'ai mille questions, ils en ont tout autant mais l'heure est à l'efficacité : il faut me sortir de cet asile psychiatrique d'un autre âge ! Mon père donne le change. Il a une réelle aptitude à dissimuler ses émotions. Pas comme ma mère, en larmes.

– Pourquoi tu pleures, maman ?

Comment répondre ? Elle ne trouve pas les mots. Et c'est moi qui la console. Mon père enchaîne :

– Ça va aller, Axel. Ils t'ont opéré parce qu'ils ne pouvaient pas te rapatrier en France comme ça ; c'était trop dangereux. Le chirurgien a dit que tout s'était bien passé. On va rentrer en France et une deuxième intervention sera sans doute envisagée.

D'après les radios, ma colonne s'est disloquée lors de la chute. Elle est désormais composée de deux morceaux distincts, reliés selon un angle improbable par quelques nerfs, ce qui ne laisse rien présager de bon. Heureusement, pour ne pas me miner le moral, tout le monde me dissimule ces clichés. Je n'en prendrai connaissance que plusieurs semaines plus tard. L'opération est censée avoir stabilisé cette situation catastrophique grâce à des plaques de métal insérées sous ma peau, et contenu l'œdème de la colonne qui risque de s'attaquer aux nerfs. Le détail croustillant que j'apprendrai plus tard, c'est qu'en sortant de la salle d'opération, le chirurgien letton a levé les bras au ciel et s'en est remis à Dieu. Ma mère a cru que j'étais mort !

Retrouver son fils diminué et dans son vomi mais vivant relève donc de la bonne nouvelle. Dans quel état mon corps est-il précisément ? Personne ne le sait. Et personne ne veut rien dire. Mais je ne suis pas dupe : les microsensations que je ressentais dans l'ambulance au niveau de la jambe ont disparu. De mon nombril à la pointe de mes pieds, je ne détecte plus rien. La paraplégie ? Je n'y pense même pas. Mon objectif quelques heures plus tôt était de finir dans le top 10 des championnats du monde de motocross ; il s'agit désormais de sauver ma peau.

ACCEPTER LA DOULEUR POUR MIEUX LA SUPPORTER même si c'est plus facile à dire qu'à faire

Nous sommes tous confrontés à la douleur un jour ou l'autre. J'ai même lu que douze millions de Français vivaient avec une douleur chronique. Un sur cinq ! Comme je passe ma vie sur des deux-roues depuis tout petit, j'ai vite expérimenté les accidents et la douleur. Le premier réflexe, c'est de refuser cette sensation ; tout faire pour se révolter contre elle et lutter pour qu'elle passe le plus vite possible. Pourtant, même si c'est contre-intuitif, le fait de l'accepter modifie notre perception dans le bon sens du terme. Cela a été étudié par la science et, en particulier, par Antoine Lutz, neuroscientifique et directeur de recherche à l'INSERM (Lyon). Il a évalué les effets d'une forte concentration sur la douleur grâce à des IRM, auprès d'un public de méditants « professionnels » (très réguliers). On a provoqué une douleur sur leur bras grâce à une source de chaleur électrique. Dans un premier temps, on leur a demandé de ne pas méditer et d'évaluer leur ressenti. Dans un deuxième temps, avec une stimulation équivalente, ils ont été invités à recommencer, mais cette fois, après avoir médité. Leur ressenti douloureux était moindre ! Mieux vaut donc se confronter à la douleur en pleine conscience, plutôt que d'essayer de la fuir.

Dans l'ambulance après mon accident, je souffrais énormément. Je me suis efforcé de rester focalisé sur ce que je ressentais, malgré la situation qui avait tout pour me faire sortir de mes gonds. J'ai fait de la souffrance une information qui faisait, à cet instant, partie de moi. Elle et moi, nous avons fait alliance, en espérant toutefois que le cauchemar s'arrête le plus vite possible ! Cela m'a probablement aidé à supporter ce voyage en ambulance de fortune et par la suite, tous ces moments où j'ai tellement souffert.

Petite variation personnelle peut-être plus accessible dans un premier temps, si vous souhaitez tester plusieurs techniques : il m'est arrivé de tromper volontairement mon cerveau quand j'avais mal, pour amoindrir le ressenti douloureux. Concrètement, lors d'une prise de sang, une action banale mais que je déteste, je me pince la cuisse pour que mon cerveau focalise sur cette sensation au niveau de la jambe. Cela fonctionne très bien ! C'est ce qui explique aussi pourquoi, lorsqu'un enfant se blesse au genou, on s'empresse de le soulager en le lui frottant avec la main, comme si cette action permettait par magie de faire disparaître la sensation désagréable. En réalité, son cerveau se concentre sur le toucher et moins sur la douleur. Nous avons beau avoir un organe aux pouvoirs extraordinaires dans la tête, il est tout de même assez fainéant : il va toujours vers ce qui lui demande le moins d'efforts.

Faire face à l'inconnu

Depuis ma chute trois jours avant, je vais de mauvaises surprises en abominables stupeurs. Je me dis que l'organisation à venir ne peut pas être pire et j'ai plein espoir en la société qui affrète l'avion de mon retour. J'ai hâte de retrouver mon pays, mes proches et, je l'espère, un peu de confiance. Quant aux questions qui m'assaillent sur mon état de santé, elles attendront. Pour le moment, même avec une sacrée dose de morphine, je souffre énormément et je n'ai qu'une envie : déguerpir !

Le brancard qui me transporte se révèle trop volumineux pour rentrer dans un appareil de ligne. Mon rapatriement s'effectuera donc en avion sanitaire privé. Le médecin qui fera le voyage avec moi est français et ne parle pas un mot d'anglais. Le gag continue ! Me voilà dans le rôle de l'interprète alité, à traduire les propos du chef de service letton. Avant de prendre l'avion, mon accompagnateur en blouse blanche s'approche de moi et commence à débrancher les perfusions de morphine qui m'empêchent de hurler à la mort.

Je lui demande ce qu'il fait et mon intonation doit charrier suffisamment d'anxiété pour que le médecin s'arrête, interloqué.

– Eh bien… Je vous enlève vos perfusions.

– Mais vous allez m'en remettre dans l'avion ?

– Ah… non.

Il a l'air très assuré. Moi pas.

– Ce n'est pas possible de vous remettre des perfusions. Nous allons voyager à bord d'un avion sanitaire qui va survoler des frontières aériennes. Il est illégal de prendre de la morphine.

– Mais je ne vais pas prendre du paracétamol pour faire quatre heures et demie de vol, alors que je viens de me faire ouvrir le dos !

– Si. On n'a pas le choix.

Le mode survie s'enclenche en moi. Je mets tout en œuvre pour décaler mon transfert de quelques jours, afin de moins souffrir. Rien n'y fait ! C'est une impasse : l'avion suit un plan de vol précis, il ne peut s'arrêter sur le tarmac que deux heures. Et personne ne peut certifier dans combien de jours il sera à nouveau disponible si je ne monte pas dedans. Mes parents assistent à la scène, décontenancés. Ils n'aspirent qu'à me faire quitter ce pays. Résignés, ils m'implorent de serrer les dents et d'accepter de voler. Mais j'insiste. Personne ne peut comprendre ce que je traverse, la douleur est tout simplement insupportable ! Je parlemente avec les médecins locaux, j'argumente, je combats… J'essaie de puiser dans mes dernières réserves d'énergie pour ne pas me laisser submerger par cette situation ubuesque. Mon accompagnateur ne veut rien entendre : pas question d'avoir une perfusion de morphine. Que je souffre pendant des heures n'est manifestement pas son problème. La cheffe de service de l'hôpital propose alors une solution qu'on pourrait qualifier d'intermédiaire. Ce sera un immense *shoot* de morphine, juste avant de partir. Eh oui : figurez-vous que la morphine en perfusion, c'est illégal, mais dans un corps, c'est autorisé !

Me voici complètement K.-O. Moi qui n'ai jamais pris aucune drogue de ma vie, je ne comprends plus rien. J'ai toujours mal mais je plane. Sur le tarmac, écrasé par la canicule, je sens se déverser des cascades de sueur dans mon matelas-coquille. Je lève péniblement la tête et m'aperçois que l'engin n'est pas un avion sanitaire mais un jet de ministre, absolument minuscule. Sérieusement, les gars, si on tourne une émission de téléréalité à vocation humoristique, dites-le-moi ! Les voilà qui s'échinent à enlever certains sièges de l'avion et à tourner mon brancard dans tous les sens pour le faire rentrer. Je me retrouve arrimé à une simple banquette. Mes parents ne peuvent pas m'accompagner. On décolle. Dans environ quatre heures, l'enfer devrait prendre fin.

Je décide de faire passer le temps en essayant de partager un peu de ce moment suspendu avec le médecin accompagnateur. Il faut dire que depuis quelques jours, je cherche vainement des raisons de me réjouir. Un peu de réconfort ne serait pas superflu. Je déchante illico. Contre toute attente, mon interlocuteur se transforme en vampire. Il durcit le ton et se met à me questionner de façon de plus en plus intrusive : « Tu faisais quoi, comme compétition ? », « Sur quelle moto tu roulais ? », « Mais tu as arrêté l'école à quel âge ? »…

J'ai l'impression d'être soumis à un interrogatoire de police. C'est désagréable mais je réponds posément.

– J'ai arrêté l'école à seize ans parce que j'étais professionnel et…

Pas le temps d'achever ma phrase. La créature sort ses crocs.

– Vous êtes complètement inconscients, vous, les motards ! Des mecs comme toi, j'en ramasse tous les quinze jours ! Vous n'avez aucune conscience du danger !

J'encaisse les uppercuts. Il poursuit sans baisser le ton.

– Tu as arrêté l'école mais qu'est-ce que tu vas faire de ta vie, maintenant ? La moto, c'est foutu ! Ta carrière est derrière toi !

Je n'en reviens pas. J'ai vingt ans. Ce type est médecin. Il me rapatrie suite à un accident qui a failli me coûter la vie et ce sont les seuls propos qu'il trouve à articuler ! Il est à ce moment précis l'unique personne qui puisse me redonner espoir et il choisit de me terrasser. Dans de rares cas, je peux devenir très sanguin. La colère se met alors à jaillir en moi comme un geyser. J'ai envie de l'étrangler ! Je le traite de tous les noms, lui hurle que son attitude est honteuse !

– Bon. Puisqu'on a encore trois heures de vol, je vais plutôt profiter des équipements de cet avion pour me soûler ! me balance-t-il dans une ultime provocation.

Le médecin tourne les talons vers le minibar au fond du jet de ministre et se verse scotch sur scotch.

Détresse absolue soudainement mise entre parenthèses quand je ressens une nette décélération. Un des deux pilotes lettons s'extirpe de la cabine. Il baragouine en anglais qu'il y a un problème de surchauffe. Nous sommes dans l'incapacité de voler aussi vite que prévu. Soit on atterrit en urgence et on répare ; soit on continue mais moins vite. Quand ce mauvais film va-t-il se terminer ? J'en arrive à me dire que si cet avion s'écrase, c'est que c'était mon heure. Au vu de la tournure que prennent les événements, impossible d'écarter cette hypothèse. Les effets de la dose colossale de morphine commencent à se dissiper. Bientôt, ce sera invivable. Pendant l'opération, on a écartelé les muscles de mon dos pour accéder à ma colonne, on a perforé mes vertèbres pour me poser douze vis et des plaques. Vais-je tenir une heure de plus sans m'évanouir ? Vais-je tenir tout court ?

L'avion atterrit enfin en France. Maxime, un ami ambulancier que je croise souvent lors des compétitions, vient à ma rencontre. Il roule lui-même à moto ; il sait ce que je vis. Enfin, un allié !

– T'inquiète pas, Axel. Je m'occupe de tout. Ça va aller.

Il m'injecte de la morphine, me transfère au centre hospitalier de Lille et se débrouille pour me faire admettre en urgence. Me voilà dans un lit. Je souffle enfin ! Épuisé. Je trouve un peu de réconfort auprès de ma mère. Avec mon père, ils ont voyagé en décalé pour se répartir les responsabilités : à lui de s'assurer que je montais bien dans l'avion en Lettonie. À elle, le soin d'être déjà en France pour m'accueillir.

Le répit s'annonce de courte durée. Le lendemain matin débarquent dans ma chambre des infirmières, un neurochirurgien et deux internes. Mes parents et moi sommes face à eux. Une petite ambiance de procès plane dans la pièce, sauf que les juges sont tous habillés en blanc. C'est le moment que j'attends depuis que je suis tombé. Je vais enfin avoir affaire à un neurochirurgien qui parle français et dont la compétence va permettre de répondre à la question qui me gangrène l'esprit. Allez, on y va ! Un vrai saut dans le vide…

– Docteur, est-ce que je remarcherai un jour ?

Là, je crois dur comme fer au coup de baguette magique. Il va me sourire et me répondre tout de go : « Mais bien sûr, monsieur Allétru, nous avons une solution miracle. Vous allez remarcher, ne vous inquiétez pas. » Devinez quoi ? Cela ne se passe pas du tout comme cela. Une seconde, deux secondes… Silence abyssal. Le médecin doit chercher sa formulation mais la réponse qui s'évade de ses lèvres me tranche l'aorte :

– Votre colonne vertébrale est très, très abîmée, monsieur Allétru. Remarcher, ça va être compliqué.

Vertige. Bourdonnements. Le sol se fracasse sous mon lit d'hôpital, je suis aspiré par un gouffre noir et glacé qui me tétanise. Pardon ? Je ne trouve aucune prise à laquelle m'accrocher… Au secours ! Je glisse. Impuissant. Je suis paraplégique et je le resterai sans doute. Qu'y a-t-il de pire, à part la mort ? « Compliqué », a dit le docteur ? Je suis dévasté ! Mes parents aussi.

Comme si cela ne suffisait pas, un des autres médecins renchérit :

– La moto, vous allez devoir oublier !

Mais je m'en fous, de la moto ! Je veux juste récupérer mes jambes ! L'équipe médicale poursuit :

– Pour résorber l'œdème de votre colonne, on peut quand même tenter une deuxième opération. Mais que ce soit clair : rien n'est garanti ! C'est à vous de décider. Prenez votre temps.

J'apprendrai un peu plus tard que le pessimisme de ces chers médecins se fonde uniquement sur mes radios et non sur les IRM, plus précises, que j'ai pratiquées en Lettonie, car les CD-ROM locaux demeurent incompatibles avec le système informatique français. S'ils avaient vu ma colonne aussi précisément disloquée, « impossible » se serait peut-être substitué à « compliqué ».

Alors ? Opération ou non ? Paraplégie ou soupçon d'espoir de mobilité ? Peste ou choléra ? Vie ou mort ? À quel moment est-il écrit dans le mode d'emploi de la vie qu'un homme de vingt ans doit prendre ce genre de responsabilités ? Nous en discutons en famille en essayant de peser le pour et le contre. C'est loin d'être évident : l'opération sera très lourde, avec une anesthésie colossale puisque cela doit durer plus de neuf heures ! Tant qu'on y est, on troquera certaines plaques de mon dos contre des modèles plus grands, courant sur cinq vertèbres au lieu de trois. Je connais les risques d'un ratage. Endommager d'autres nerfs aggraverait mon état. Une pièce posée de travers et je deviens un légume. Un microbe et je développe une infection gravissime.

L'alternative, c'est de ne pas me faire opérer. Mais je passerais alors à côté des minuscules espoirs auxquels je m'accroche en tant qu'optimiste invétéré. J'ai vraiment peur, pour la première fois depuis que je suis tombé. Au bout de trois heures, nous faisons connaître notre décision à l'équipe médicale : l'opération aura lieu. Je ne peux pas risquer d'avoir ce regret toute ma vie.

Trois jours plus tard, me voilà allongé sur un brancard, prêt à me refaire charcuter. Je me concentre sur les lumières criardes du plafond et le froissement des blouses autour de moi. J'essaie de cultiver une forme de neutralité émotionnelle. Mon sort repose désormais entre les mains de ces médecins. Je n'ai pas d'autre choix que de lâcher prise. Interruption momentanée de l'image. Je me réveille neuf heures plus tard.

Je perçois les visages bienveillants de mes parents, de mon parrain, de ma mamie et de Margaux, ma petite amie d'alors. Me voilà vite rattrapé par la réalité : on m'a posé des sondes gastriques, j'ai des tuyaux partout ; je souffre à un point ! Plus encore qu'après la première opération en Lettonie. Vous avez déjà expérimenté la douleur aiguë sur longue durée ? Je la connaissais sporadique mais jamais dans ces proportions et surtout, jamais en continu. C'est une expérience de l'extrême qui vous pousse dans vos retranchements. Tout ce que vous savez de vous vole en éclats. Vous découvrez des ressources proprement insoupçonnées. Le chirurgien se félicite d'avoir pu résorber l'œdème, « même s'il faudra encore du temps pour qu'il disparaisse ». Il ne se prononce pas davantage sur la suite des événements. Seule information que je parvienne péniblement à glaner : je devrai passer au minimum deux semaines à l'hôpital avant d'envisager la moindre rééducation. « Compliqué », on vous a dit !

Les jours suivants, je prends la mesure de ce que signifie une convalescence. J'ai grand besoin de me requinquer : je n'ai plus que la peau sur les os. Entre le fait que je n'aie quasiment rien mangé depuis dix jours et la perte musculaire due à mon inactivité, je me suis délesté de trente kilos. Cela semble difficile à concevoir, mais du haut de mon mètre quatre-vingt-dix, je ne pèse plus que cinquante-cinq kilos. Ma grand-mère adorée, Suzanne, s'échine à me remplumer grâce à des petits plats maison dont elle seule détient le secret. Ses saucisses-purée ? Tout un poème ! Je renoue avec le plaisir. Un peu comme si je redécouvrais complètement cette sensation.

J'ai beau être entouré, je trouve le temps long. D'accord, j'avoue, je ne suis pas très patient avec moi-même. Mais imaginez-vous toute la journée, contraint·e de rester en position horizontale. Seule et maigre échappatoire : la télévision et en particulier les matchs de la Coupe du monde de football 2010, en Afrique du Sud. Je découvre une nouvelle activité qui va de pair avec la paraplégie : j'essaie constamment de bouger mes jambes ; sans succès. En me calant sur le chrono des matchs, je tente d'enchaîner une contraction toutes les deux minutes. Le mouvement n'existe pour l'instant que dans ma tête mais je le sais utile. En tant que sportif, j'ai déjà expérimenté ce qu'on appelle la visualisation mentale : une technique éprouvée scientifiquement, qui consiste à se représenter un mouvement de façon imaginaire, avant de le faire dans la réalité… enfin, quand on peut ! On a démontré, grâce à des IRM, que dans les deux cas, les mêmes zones motrices s'activaient dans le cerveau. C'est ainsi que s'entraînent de nombreux champions, et même que certains blessés recouvrent une partie de leurs capacités. Alors j'essaie, j'essaie encore. Je me concentre. Je visualise mes muscles en train de remuer. Rien n'y fait. Je ne me décourage pas. Cela devient mon obsession, jour et nuit. Je profite de mes insomnies dues à la douleur pour travailler. Après quarante-huit heures d'efforts soutenus, quelque chose se passe. Un tout petit quelque chose. Un rien. Un souffle. Quasiment imperceptible. Je ressens une microsensation dans ma cuisse gauche ! C'est donc qu'il me reste quelques nerfs efficients autour de la colonne. Je m'y accroche. Quel espoir !

Je mets mes parents dans la confidence et les supplie de m'aider, avec les moyens du bord, à travailler ces petits riens qui me redonnent foi. Mon père tente quelques chatouilles sur la plante de mes pieds pour stimuler mes sensations. Margaux me soutient d'une autre façon. Elle me rejoint tous les soirs à l'hôpital pour passer la nuit dans le lit d'à côté. Elle a reçu un sacré choc quand elle a appris l'accident. Elle fait face, m'encourage, même si elle pleure beaucoup. Nous partageons aussi des moments extraordinaires au cœur de la tourmente. Il nous arrive même d'avoir des fous rires. Le manque de personnel à l'hôpital est criant et Margaux se transforme régulièrement en infirmière. Elle m'aide, appelle les soignants quand j'en ai besoin, les supplée s'ils tardent trop à venir, me pose une perfusion, active un produit et même vide ma poche urinaire. Très glamour, quand on est jeune adulte ! Margaux doit aussi faire face à des moments compliqués : d'épouvantables maux de tête me volent toute mon énergie, à cause du liquide céphalo-rachidien qui s'échappe de mon crâne. À s'en rendre fou pendant trois ou quatre heures, malgré la morphine. Une fois, on m'a demandé à combien j'estimais ma douleur sur une échelle de un à dix. J'ai répondu : « Douze. »

Mes efforts ne sont pas vains : deux semaines plus tard, les médecins constatent mes progrès. Je peux de plus en plus facilement provoquer ces minicontractions dans mes cuisses. Il est temps de me transférer dans un centre de rééducation, à côté de Lille. Mais avant, un impératif : savoir tenir assis dans un fauteuil. Pour cela, il va falloir se redresser. Je me réjouis d'aborder cette nouvelle étape, à première vue assez anecdotique. Tu parles ! Lorsque j'essaie de m'asseoir, ce sont des décharges électriques qui parcourent mon corps, je me sens déchiqueté au niveau de la colonne vertébrale. Un mal de chien qui me donne la nausée. Je mets plusieurs jours à appréhender la position assise. Comme si je devais tout réapprendre. Bientôt, aller me promener dans le parc de l'hôpital relève de l'éventualité. Par temps de canicule, sans climatisation dans les chambres et avec les fenêtres fermées pour empêcher toute velléité de suicide, c'est salutaire ! Je demande qu'on pousse mon fauteuil sous un arbre, à la fraîche. Je hume les parfums. De tout petits plaisirs simples dont je n'avais jamais vraiment pris conscience. Sortir, c'est aussi revoir ma grande chienne adorée, Ruia, un rhodesian ridgeback qui m'accompagne dans toutes les compétitions. Impression temporaire de normalité…

J'ai hâte de partir au centre de rééducation pour continuer à travailler, avec des moyens autrement adéquats. Mais avant, il me faut résoudre un problème de taille dont je n'ai jusqu'ici parlé à personne… et dont personne ne m'a parlé ; un souci trivial mais qui correspond à un besoin vital : depuis trois semaines, je suis dans l'incapacité totale d'aller à la selle. À toutes mes douleurs s'ajoutent celles de l'abdomen. Est-ce à cause de la morphine ? De l'anesthésie générale ? En tout cas, mes intestins sont bloqués sur pause. Je n'ai qu'une crainte : souffrir d'une occlusion intestinale qui retarderait ma rééducation.

J'en parle discrètement à mon père et à un de ses amis, Pilou, qui vient souvent me rendre visite. Ce dernier questionne les médecins, sans me demander mon avis. Un matin, j'assiste à une scène surréaliste : je vois débarquer à mon chevet un docteur que je n'ai jamais croisé de ma vie ; un type aux poils immaculés. Cheveux, barbe, moustache complètement blancs. Il me tend un flacon.

– Il paraît que vous avez quelques… soucis ? Tenez. C'est de l'huile de foie de morue. Buvez trois verres par jour. Vous verrez, c'est radical !

Si vous détestez quelqu'un, conseillez-lui la même chose. Il n'existe pas de breuvage plus pestilentiel ni plus dégoûtant que l'huile de foie de morue ! J'ai envie de vomir mais je m'exécute. La posologie habituelle tourne plutôt aux alentours de vingt à trente millilitres, soit une à deux cuillères à soupe. Moi, c'est trois verres ! Premier jour : aucun résultat. Deuxième jour : j'ingurgite à nouveau la potion. La décence m'interdit de décrire ce qui arriva. Disons simplement que Pilou était en train de me raconter une blague dans ma chambre d'hôpital quand soudain, le déluge prit une forme inconnue. Croyez-le ou non, ce fut une petite victoire. Une de plus ! J'étais désormais armé – et surtout, « allégé » – pour affronter les prochains mois au centre de rééducation.

ESSAYER LES POUVOIRS DE LA VISUALISATION MENTALE (mon arme vitale)

Aujourd'hui, j'estime que 80 % de ma rééducation a été mentale. Pour rappel, la visualisation consiste à imaginer une action sans la faire physiquement. Cette projection de l'esprit active exactement les mêmes zones cérébrales motrices que si le mouvement était réellement effectué.

Lorsque j'ai commencé à pratiquer la visualisation (qu'on appelle parfois préparation mentale, imagerie mentale ou visualisation motrice), ce n'était pas une méthode très connue et encore moins reconnue. Le docteur Khaled, le médecin qui m'a suivi pendant tout mon parcours au centre de rééducation, en avait eu vent depuis 2006, donc il me soutenait. Mais ce n'était pas le cas de tous les médecins. Pourtant, je n'ai rien inventé : déjà en 1968, aux Jeux olympiques de Grenoble, le skieur Jean-Claude Killy avait fait une démonstration éclatante de l'efficacité de cette technique. Il avait visualisé sa course en skis en se faisant chronométrer. Puis il avait réellement effectué cette course. Le chrono était strictement identique.

La visualisation mentale n'a eu de cesse de faire des miracles dans ma vie. À chaque échéance, à chaque défi, j'utilise cet outil : je plonge dans ma bulle et me figure l'objectif à atteindre. Pour que mon focus intérieur soit le plus net possible, exactement comme pour une mise au point de caméra, je génère des images qui elles-mêmes vont donner lieu à des émotions. Faites le test : si je vous demande de ressentir de l'amour, il vous sera difficile de vous exécuter sur-le-champ. Mais si je vous invite à vous visualiser en train d'embrasser votre chéri·e sur les lèvres, ce sera beaucoup plus simple. C'est la même chose pour toutes les échéances, sportives ou non. Personnellement, je me représente à l'issue d'une course au moment de passer la ligne d'arrivée, et je ressens de la fierté, le dépassement de soi et toutes ces émotions qui me galvanisent.

Ce n'est pas une simple projection dont je ressors aussi vite que j'y suis entré. Il s'agit d'un véritable travail de l'esprit, qui demande efforts, concentration et régularité. À force de lire des ouvrages sur le sujet et d'expérimenter cette technique, j'en arrive à la conclusion que trois fois trois minutes par jour permettent une progression significative. Vous trouverez ailleurs d'autres indications de fréquence, cette valeur vaut pour moi.

Les preuves de cette technique ne sont plus à démontrer, de nos jours. Des équipes comme celles d'Aymeric Guillot, enseignant-chercheur en neurophysiologie à l'université Lyon-I, parmi les plus grands experts mondiaux d'imagerie mentale, ont pu vérifier les effets de cette pratique grâce à des mesures précises par IRM. Les plus grands sportifs l'utilisent, non seulement en rééducation fonctionnelle, quand ils se blessent, pour recouvrer plus rapidement leurs facultés, mais aussi pour améliorer l'apprentissage du geste moteur, la performance, les stratégies de jeux, la résolution des problèmes, la gestion de la motivation, la confiance en soi, l'anxiété.

Bienvenue à *L'Espoir*

Le 12 juillet 2010, je franchis, en fauteuil roulant, les portes du centre de rééducation de Hellemmes, près de Lille. Il s'appelle *L'Espoir* et cela tombe bien : c'est essentiellement ce qu'il me reste. Mes parents habitent à quelques kilomètres et chaque jour ils viendront me rendre visite.

Depuis trente ans, le personnel de cet établissement vient en aide aux accidentés de la vie. Affectés du système nerveux ou de l'appareil locomoteur, ils sont une centaine à dormir là chaque soir ; une sorte de cour des miracles et des désillusions, un concentré de vie où on rebat les cartes. Médecins, kinés, diététiciens, psychologues… Une cinquantaine de professionnels s'y relaient. Ce n'est pas une première pour moi : je suis venu me faire opérer ici des ligaments croisés, quatre ans auparavant. Les blessures, ça me connaît : mon palmarès est très impressionnant, de ce côté-là ! J'ai été épargné lors de ma période en BMX, mais à moto les festivités ont commencé dès l'âge de treize ans : poignet cassé deux fois, épaule déboîtée, scaphoïdes (les petits os du poignet… encore !) brisés, et même… rate fissurée ! Le pare-pierres de la moto m'est rentré dans le ventre lors d'une chute. Un mois et demi à l'hôpital et un mal de chien ! Rien à faire, sinon rester alité en attendant que mes organes cicatrisent. Je suis passé à deux doigts de la transfusion sanguine, tant mes globules rouges étaient en berne. J'ai enchaîné avec les ligaments croisés à gauche, puis à droite, en plus des ménisques. En 2008, à nouveau le poignet, l'épaule et l'omoplate.

J'ai compris très jeune que la douleur allait faire partie de ma vie. Dans l'univers du motocross, souffrir est un présupposé et lorsqu'on se blesse, on s'estime chanceux. Vous en doutez ? Jugez par vous-mêmes : j'ai commencé à enterrer des amis à l'âge de seize ans. 2008 : mort de Jason Denys, suite à une chute. Il avait dix-huit ans. 2009 : décès de Timotei Potisek, le cousin de mon ami Milko, tombé lors d'un entraînement. Il avait vingt-cinq ans et faisait partie des grands espoirs de la discipline. On s'était pris en photo la veille, avant que je m'envole pour trois mois d'entraînement aux États-Unis. J'ai aussi vu mon grand pote Sylvain Piquet, avec qui j'avais commencé le BMX, devenir tétraplégique. J'étais susceptible d'être le prochain sur la liste noire. J'en étais conscient. Mais lorsqu'on est drogué de moto, l'équation est un peu différente. Pour moi, la vie, c'était ça ou rien.

Aujourd'hui, la donne n'est plus la même. J'ai perdu 80 % de force musculaire dans mes jambes et n'ai quasiment plus aucune sensibilité dans le bas du corps. Je suis bien déterminé à tout mettre en œuvre pour que cela change.

L'aile numéro deux de *L'Espoir*, flambant neuve, sera mon fief, sept jours sur sept. Pour combien de temps ? Je n'en ai aucune idée. Tout y est adapté pour les personnes en situation de handicap : salle de bain avec douche de plain-pied, lit médicalisé avec compresseur. Le matelas se gonfle et se dégonfle bruyamment toutes les dix minutes pour éviter les esquarres. Ingénieux mais très perturbant quand je comprends que le système ne s'arrête pas la nuit.

Je teste mon nouveau lit lorsqu'on toque à ma porte. Un médecin en blouse blanche me salue, l'air débonnaire. Le docteur Khaled, spécialiste en médecine physique et réadaptation, va désormais me suivre. Je plonge mon regard dans le sien et lui souris. Il semble surpris. Même si je ne le connais pas, je suis heureux de le voir : il fait potentiellement partie de ceux qui vont me sauver. Il m'avouera bien plus tard que cette première entrevue l'a bouleversé. Il s'imaginait rencontrer un patient effondré et s'était psychologiquement préparé à trouver des mots réconfortants avant de me proposer un projet personnalisé de rééducation. Pas besoin. Je vais de l'avant, même si ce n'est qu'une métaphore pour le moment.

Le docteur Khaled m'examine. Il s'adresse à moi en me tutoyant, ce qui me met en confiance. Jusqu'à son bilan qui tombe comme un couperet.

– Je ne vais pas te le cacher, Axel : ta moelle épinière est très endommagée. C'est ce qui provoque ta paralysie. Il reste peut-être quelques éléments moteurs en périphérie mais pour nous, ce n'est pas significatif.

– Est-ce que je remarcherai, docteur ?

– Tout pronostic de ma part serait hasardeux. En l'état actuel des connaissances scientifiques, le projet te concernant, c'est de vivre digne, libre et autonome en fauteuil roulant. Et pour cela, j'ai besoin que tu sois très impliqué dans la rééducation.

Il est le deuxième à me livrer un diagnostic qui ne me laisse pas beaucoup d'espoir. C'est très dur mais je fais bonne figure. J'essaie coûte que coûte de m'accrocher aux nuances de sa phrase : « Tout pronostic de ma part serait hasardeux. » Cela ne signifie pas que remarcher est impossible. En tout cas, il est beaucoup trop tôt pour que je m'y résolve. Après tout, ma colonne vertébrale s'est disloquée mais elle n'a pas été entièrement sectionnée, sans quoi plus aucun espoir ne serait permis. Alors j'y crois !

Aujourd'hui, avec le recul, j'éprouve à l'égard du docteur Khaled une reconnaissance infinie. Car au moment où il est entré dans ma chambre, il avait pris connaissance de mon dossier médical et avait en tête cette fameuse IRM sur laquelle mes vertèbres jouent au Tetris. Je faisais partie des cas classiques de lésion de la moelle épinière dont les guérisons se comptent sur les doigts d'une main. Il était donc persuadé que je ne remarcherais jamais. Pourtant, il s'est bien gardé de me condamner. Mieux : j'ai senti qu'il allait m'entourer avec bienveillance.

– Je vais te proposer un programme sur mesure avec beaucoup d'acteurs : kinésithérapeutes, ergothérapeutes, professeurs de sport. Sois sûr que les moindres progrès que tu feras, nous saurons les exploiter.

Le docteur Khaled m'informe que je devrai prendre de la cortisone à haute dose pendant quelque temps pour continuer à résorber l'œdème de ma colonne vertébrale. Conséquences : le sel m'est interdit pour éviter toute rétention d'eau ; le sucre aussi, car la cortisone augmente la glycémie. À moi les plats insipides ! J'avais regagné un peu de poids ces derniers jours ; pas sûr que cela continue. Je fais aussi la connaissance de Gaëlle, kinésithérapeute. Elle doit avoir vingt-cinq ans, l'air de tout juste sortir de l'école. A-t-elle seulement eu l'occasion de soigner des cas comme le mien ? Impatient de commencer ma rééducation, je la questionne sur les premiers exercices qui m'attendent, les créneaux horaires de mes séances, les types d'appareils… Elle me coupe dans mon élan.

– Ça, ce sera pour plus tard. D'abord, il va falloir apprendre à rouler en fauteuil.

Ils se sont donné le mot ! Je ne suis pas venu là pour cela. Mais je m'exécute. Enfin, j'essaie ! Circuler en ligne droite, en fauteuil, dans les couloirs interminables de cet énorme centre qui ressemble à une ville, je n'y arrive pas vraiment. Grosse leçon d'humilité pour l'ancien pilote de motocross que je suis. Et cela ne fait que commencer. Mes premières séances de kiné s'attardent sur la notion très technique de transfert : transfert de mon lit à mon fauteuil, de mon fauteuil à mon lit, du fauteuil à la table de kiné, de la table de kiné au fauteuil. Passionnant, n'est-ce pas ? Je joue les rebelles au début, expliquant à Gaëlle que je ne suis pas là pour m'amuser, que je veux « vraiment travailler ». Elle esquisse un sourire dont je comprends vite la signification : je minimise complètement les efforts demandés. Effectuer de si simples actions exige une puissance dans les bras et dans les abdominaux, de même qu'une technique pointue, qui ne s'improvisent pas : il faut d'abord transférer le fessier, puis les jambes. Mais elles pèsent un âne mort ! J'essaie de chasser cette idée mais elle s'invite avec de plus en plus d'insistance : et si je finissais ma vie en fauteuil roulant ?

Le troisième jour, Gaëlle passe à l'étape suivante.

– Maintenant, on va travailler la base : savoir se tenir assis, sans appui !

Pour le coup, je commence vraiment à penser qu'elle me prend pour un branquignol. Se tenir assis… quand même ! La kiné m'invite à simplement décoller les mains de mes cuisses, croiser les bras et tenir en équilibre, immobile. Confiant, je commence à lever les bras et… je bascule immédiatement en arrière ! Un sac à patates qui tombe lourdement sur la table de travail ! Mortifié. Je n'arrive même pas à tenir assis ! Gaëlle a réussi son coup. Le performeur que je suis doit s'y résoudre : il faut repartir de la base et tout réapprendre. Le chemin risque d'être très, très long.

Les semaines suivantes, Gaëlle introduit des exercices de flexion, extension, contraction. Elle essaie de stimuler les microsensations que je ressens dans le quadriceps gauche. Je noue rapidement avec elle une relation pleine de connivence. La jeune femme est très empathique et nous avons quasiment le même âge. J'apprends qu'elle partage sa vie avec un homme qui fut dans la même situation que moi. Tombé d'un toit, Valentin est devenu paraplégique avant de pouvoir récupérer une partie de ses muscles et… de se relever ! Elle me le présente au centre. Le vaillant combattant devient une sorte de modèle. Je tanne Gaëlle quotidiennement pour lui arracher des aveux : si je réussis à faire tel mouvement, cela signifie-t-il que je pourrai remarcher comme Valentin ? Si je ressens cela, est-ce que je récupérerai comme Valentin ? Franchement, elle est de bonne composition ! Ce qui me sauve à ses yeux ? Je suis un acharné de travail : quand je regagne ma chambre entre les séances, je continue à m'entraîner sans rien dire à personne, grâce à des élastiques réclamés à mes parents. Je poursuis également la visualisation mentale, plus que jamais ! Je m'imagine en train de remarcher, je me concentre sur toute la décomposition de ces mouvements que nous effectuons machinalement. La sensation physique n'est pas encore au rendez-vous, mais à la seule force du cerveau, elle est déjà presque tangible.

À cette période, on me présente aussi un ergothérapeute qui a l'air d'être là en touriste. Je le vois passer sa journée à rire avec ses collègues. Il prend son temps pour tout ; le mien est compté. Autant dire que nos univers se révèlent difficilement compatibles. Moi qui pensais passer un cap dans la rééducation à ses côtés, le voilà qui met un point d'honneur à m'enseigner toutes les subtilités du maniement d'un fauteuil roulant. Non mais les gars, je veux remarcher, moi, je veux commencer la musculation ! J'essaie de lui faire entendre raison.

– Tu veux mon avis ? me répond-il. Moi je pense que tu resteras en fauteuil toute ta vie. Alors je t'apprends à t'en servir. C'est mon job.

Les hommes ne naissent pas tous égaux en termes de tact. Je me mets donc à le détester, et il me le rend bien. Au bout d'un mois, je commence à sécher l'ergothérapie. Une fois, ça passe. Deux fois aussi. À la troisième incartade, je me fais convoquer. Tout le staff médical est présent. Le docteur Khaled perd patience.

– Écoute, Axel, jusqu'à preuve du contraire, ton ergothérapeute a plus d'expérience que toi en termes de rééducation. Alors plie-toi aux règles du centre, je te prie. Trop travailler pourrait te faire régresser. Les muscles ont absolument besoin de récupération quand on les a beaucoup sollicités.

Je n'en crois pas mes oreilles. Cette rééducation va être compliquée, d'autant que je ne m'entends pas non plus avec la prof de sport, qui à mon sens, s'implique tout aussi mollement dans ma rééducation que mon ergothérapeute. Elle me trouve un jour sur une machine qu'elle ne m'a pas encore demandé d'utiliser et me sermonne comme un enfant. « Il y a des autorisations à obtenir, c'est dangereux. On ne fait pas ce qu'on veut, ici ! C'est moi qui fais le programme ! » Elle enjoint à ses collègues de me garder à l'œil et je me fais régulièrement attraper. À nouveau, convocation ! Si je ne respecte pas les règles, ce sera le renvoi.

Cela vous rappelle l'école ? À moi aussi. J'ai toujours été à peu près sage, mais vouloir m'imposer des méthodes de travail qui ne me correspondent pas ne s'est jamais révélé concluant. Pourquoi met-on autant d'énergie à faire rentrer le plus grand nombre dans un moule ? En sortir, c'est se confronter à la stigmatisation, et si vous êtes mis à l'écart, vous doutez de vous-même, avant de vous décourager. Quand, vers quinze ans, j'ai commencé à accumuler des résultats sous la moyenne – je ne parvenais plus à concilier le sport de haut niveau et les études – il était alors indiqué sur mon bulletin : « Axel manque de motivation », « Axel n'écoute pas », « Axel n'a pas envie ou ne se donne pas les moyens ». Tout le contraire de moi ! On dirait que mes rapports avec certains, dans ce centre de rééducation, suivent le même pli. Ce qui est compliqué, c'est ce décalage constant entre mon jeune âge (et la perception que les autres en ont) et la longue expérience que j'ai de mes propres limites. Le programme qui m'est proposé est standard et c'est bien là le problème. Quels que soient l'âge ou la condition physique du patient, c'est la même chose. Entraînement, puis repos dans un fauteuil ou dans un lit pendant trois ou quatre heures, autre séance, dîner, dodo. Je ne peux pas blâmer le personnel encadrant, très zélé. Mais rien à faire : je suis un sportif de haut niveau. Les exercices proposés sont très en deçà de ce que je peux et veux faire. À la fois conscient de ma frustration et de l'agacement que je peux générer chez les praticiens et les médecins, j'essaie de prendre sur moi. Je ne veux pas du tout passer ici pour une tête brûlée. Un renvoi du centre serait catastrophique.

REGARDER TOUJOURS EN AVANT
en se souvenant que le passé est riche d'enseignements

Vous allez vite comprendre que ma vie est régulièrement semée d'embûches. Et c'est un euphémisme ! Pourtant, je me suis toujours attaché à rebondir le plus vite possible, sans m'apitoyer sur mon sort. Il est presque plus « simple » d'adopter cet état d'esprit quand on n'a pas le choix et que la vie vous ôte l'usage de vos jambes à vingt ans. Mais sans être blessé ni handicapé, c'est possible aussi. Le meilleur moyen de m'expliquer, c'est de donner un exemple.

La veille de cette date fatale pour ma colonne vertébrale, en juin 2010, j'ai clairement contre-performé lors des qualifications aux championnats du monde. La première option aurait été de me morfondre puisque ce résultat engendrait d'office un mauvais positionnement sur la grille de départ. J'aurais pu me sentir en situation de faiblesse par rapport à mes concurrents, me remettre mille fois en question, refaire le film dans ma tête. Et partir battu d'avance.

J'ai préféré la seconde option : me concentrer sur l'étape d'après, à savoir réaliser la meilleure course possible dans ces conditions. Autant je réfléchis beaucoup avant de me lancer dans des défis, autant je passe en mode action quand je suis déjà engagé dans le processus. Et toute mon énergie converge alors vers un seul et même but.

C'est la même démarche quand je suis rentré au centre de rééducation. J'étais déterminé à aller de l'avant, même si jusqu'ici les retours des médecins ne m'avaient pas donné beaucoup d'espoir. C'était d'autant plus difficile qu'on m'incitait plutôt à rester ancré dans le présent pour espérer progresser. Or j'avais besoin de voir plus loin. Concentrer mes efforts psychiques et physiques vers l'hypothèse qu'un jour, je puisse remarcher, était assez fou. Mais c'est ce qui comptait le plus au monde à mes yeux, à ce moment-là. Et c'est ce qui m'a donné toute la force nécessaire pour me battre, quelle que soit l'issue de ma rééducation.

Je vous parle des championnats du monde ou du centre *L'Espoir,* mais c'est le même état d'esprit si vous avez une présentation à faire devant plusieurs collaborateurs ou si vous devez parler sérieusement d'un problème à un ami. À un moment, il est indispensable de vous concentrer et de ne plus penser qu'à une seule chose : ce que vous avez à faire. C'est un entraînement mental loin d'être évident. Beaucoup de perturbations nous font sans cesse dévier de ce chemin : les souvenirs, les traumatismes éventuels, les conseils des uns et des autres, la peur de mal faire, l'envie de satisfaire Untel ou Untel... On prend une bonne inspiration et on se fait confiance : il s'agit de se reconnecter à ce qu'on ressent, riche de tous les enseignements qui ont jalonné notre parcours. C'est notre bagage et il est précieux. Il va nous donner toutes les armes pour faire du mieux qu'on peut. Allez, on avance !

Lève-toi et marche !

Pour compenser mes frustrations et prendre mon mal en patience, j'invite mes parents à m'approvisionner secrètement en poids, petits sacs de sable et autres élastiques pour continuer mon travail de musculation chaque fois que je regagne ma chambre. D'après les renseignements pris par mon père auprès de sportifs professionnels, il y a trois périodes pendant lesquelles les efforts doivent redoubler : la deuxième, la troisième et la cinquième année. C'est à ce moment-là que les muscles ont le plus de chances de se remettre en marche. Je ne suis pas sûr qu'il existe des statistiques officielles à ce sujet, mais les expériences des uns et des autres convergent vers ces données. Avec la complicité des infirmières qui me trouvent touchant et volontaire, je m'entraîne jusqu'à ce que je m'écroule. Chaque fois que je m'éveille, je commence par m'imaginer en train de remarcher. Pensée magique ? Je ne sais pas mais j'y crois très fort. Je me persuade que cela finira par fonctionner.

J'essaie aussi de trouver de la satisfaction dans les relations humaines. Mais ce n'est pas chose aisée : dans un centre de rééducation, on est souvent confronté à des patients résignés. Ceux qui ont essayé de progresser et ont échoué, ceux qui n'essaient pas vraiment car ils n'y croient pas, ceux qui se découragent facilement même s'ils progressent. Il est facile de se laisser ensevelir par le désespoir au moindre signe de faiblesse ou de stagnation. J'ai bien identifié le risque de cette gangrène psychologique. Alors je lutte en me rapprochant de quelques rares patients de mon âge : Arnaud a eu lui aussi un accident de moto. Il attend de savoir s'il va se faire amputer. Il me force à relativiser ma situation. Je suis encore ami avec lui aujourd'hui. Je rencontre aussi un footballeur très sympa, Rémi, qui a une grave lésion au dos. Nous organisons notre vie au centre, aussi confortablement que possible. Je m'initie au poker, avec, je dois bien l'avouer, une certaine facilité. Entrer dans le cerveau de mes adversaires et y aller au bluff, c'est mon truc ! Nous jouons aussi aux jeux vidéo, à la pétanque. À 22 heures, couvre-feu. De vrais petits vieux dont les journées sont réglées comme du papier à musique. Sauf que nous avons une vingtaine d'années et que très vite, la perspective d'une transgression devient un sujet de discussion. Grâce à la discrétion de certains vigiles qui prennent notre jeunesse sacrifiée en pitié et « oublient » de fermer la grille du portail, nous commençons à organiser quelques virées nocturnes en dehors du centre. Autant vous dire que notre notion de l'aventure est toute relative : nous allons au bowling. Le plus proche se situe à deux kilomètres : un monde, quand on est une petite bande en fauteuil roulant ! Sur le chemin, dans le noir, l'un perd une roue, l'autre tombe... Nul besoin d'alcool ni de drogue pour partir dans des fous rires mémorables. Les éclopés en goguette ! Arrivés à destination, on ne peut pas dire qu'on nous accueille à bras ouverts, même si les clients se font rares pendant la semaine. Nos pneus tout crottés ne peuvent pas être relégués au vestiaire. Les pistes en bois lustré s'en souviennent ! Certains kinés du centre finissent par être au courant mais ils tiennent leur langue, du moment que nous restons assidus.

Quant à mes amis en dehors du centre, on me questionne souvent sur leur fidélité après l'accident. J'ai mis du temps à comprendre qu'il était fréquent, suite à de telles épreuves, de voir déserter une partie de son carnet d'adresses. J'ai eu la chance de ne pas être confronté à ce problème. C'était plutôt moi qui mettais de la distance avec ceux qui ne maîtrisaient pas l'anatomie et ses complexités. Quand on est en rééducation, on parle tout le temps de muscles, de mobilité, de technique. Mes amis du sport de haut niveau comme Max, Adrien ou Milko comprenaient ce que je vivais. Pour les autres, c'était flou. Ils n'avaient pas la moindre idée de ce que représentaient mes efforts.

Deux mois après mon entrée au centre, la cicatrice impressionnante que j'arbore sur le dos s'est enfin asséchée. Il est temps d'envisager des exercices de balnéothérapie. Nouvelle étape, toujours en compagnie de Gaëlle. Et quelle étape ! C'est la première fois que je vais quitter mon fauteuil roulant pour un long moment. À 8 h 30, j'enfile mon maillot de bain, excité comme un môme qui va faire du toboggan. Quand je suis assis dans l'eau, la portance m'offre une connexion à des sensations complètement inédites : ne pas sentir mes jambes dans la piscine est une expérience perturbante. Je perçois la pression de l'eau mais pas les sensations liées à la température ni au contact du sol sous mes pieds, par exemple. Je continue néanmoins à travailler les microcontractions de ma cuisse gauche, puis de ma cuisse droite. Cela reste infime mais je progresse.

Un matin, Gaëlle arbore une mine encore plus réjouie que d'habitude :

– Aujourd'hui, c'est un grand jour, Axel : on va se mettre debout dans l'eau !

Je me souviendrai toujours de ce moment-là. Assis dans la piscine, immergé jusqu'au cou, il va falloir que je hisse tout le poids de mon corps à la seule force de mes bras. Essayez, un jour. C'est physique ! J'empoigne les barres parallèles qui se trouvent sous l'eau… Et je me lève ! Pour la première fois, je renoue avec la position verticale. Vu d'où je viens, je trouve cela complètement fou ! La date est gravée en moi : 20 septembre 2010. C'est une victoire que je partage avec ma kiné. Le début d'une collaboration qui va nous mener très, très loin. Vu mes progrès, Gaëlle corse les exercices. Elle baisse chaque jour le niveau de l'eau à ma poitrine, puis à ma taille et me demande de me lever. La portance en est minimisée et, outre la puissance physique que requiert l'opération, je dois composer avec un équilibre tout neuf, une répartition des forces musculaires complètement différente. Assez vite, j'entrevois mes limites : mes chevilles ont perdu toute possibilité de flexion et d'extension. Mes pieds tombent, inertes. Si je veux un jour remarcher, il me faudra de toute façon l'assistance de releveurs, des attelles qui les maintiennent à 90 degrés. Certains hémiplégiques du centre en portent. Je demande à Gaëlle de m'en faire essayer. C'est si concluant que bien vite une question s'impose : et sur la terre ferme, on remarche quand ?

La date est prise. J'arrive un peu en avance cet après-midi-là. Dans cette salle de kiné que je fréquente quotidiennement depuis mon entrée au centre, j'observe chaque objet avec une attention nouvelle. Peut-être que dans quelques minutes, je verrai le monde de plus haut ? Notre table d'exercice est toujours à la même place, dans un coin. La vue sur le parc et l'espace balnéo font paraître la pièce plus grande qu'elle n'est, mais il ne s'agit tout au plus que de cinquante mètres carrés qui servent de terrain d'entraînement aux patients. Ceux-ci se relaient toutes les demi-heures, par groupes de cinq. Certains d'entre eux travaillent déjà avec leur praticien.

J'éprouve une certaine appréhension. Dans quelques secondes, rien ne sera plus comme avant. Vais-je parvenir à me lever ? Vais-je échouer ? Victoire ou désillusion ? Je retrouve les mêmes sensations que lors des compétitions, juste avant de prendre le départ. Tout peut arriver ; tout peut basculer. Les secondes d'incertitude que j'aime le plus au monde ! Sauf qu'en général, je suis en pleine possession de mes moyens. Pas là. Seule certitude : je n'ai franchement pas envie de reprendre une aussi grosse claque que lorsque j'ai tenté de m'asseoir et que je me suis effondré !

Gaëlle arrive, rayonnante. Nous échangeons quelques sympathies mais elle sait que j'ai hâte.

Elle m'adresse un immense sourire. « Allez, on y va ! »

J'approche mon fauteuil des barres parallèles, placées le long du mur. Elles sont là, devant moi. Elles me narguent. Un collègue kiné se place derrière mon fauteuil, au cas où. Gaëlle se positionne quant à elle pile devant moi.

– Axel, écoute-moi bien. Tu vas prendre de l'élan et tu vas tirer sur tes bras pour te mettre debout. Moi, je reste devant toi. Si ça ne va pas, si tu as la tête qui tourne, tu te rassois.

J'enclenche les freins du fauteuil pour éviter qu'il se dérobe. Je pose mes doigts sur le bois légèrement nervuré des barres parallèles. Allez, Axel ! Je resserre mon étreinte, prends un léger élan avec mon torse et me hisse à la force des biceps et des abdominaux. Mon mètre quatre-vingt-dix se déploie. Je suis debout ! Du premier coup ! Gaëlle se précipite au niveau de mes genoux pour les maintenir avec ses mains : comme je ne sens rien, je peux m'effondrer à tout instant. Je tiens debout ! Les patients et les kinés présents dans la salle se mettent à applaudir à tout rompre, comme il est de coutume chaque fois que l'un d'entre nous réalise un exploit à son échelle. Gaëlle irradie.

– Voilà une énorme première étape ! Bravo !

Ce que j'éprouve à cet instant ? Une incroyable exaltation ! Deuxième victoire pour Gaëlle et moi. De là-haut, j'ai l'impression que la salle est soudain toute petite. Le plafond me semble si bas ! Est-ce que je verse une larme ?

Non. Je suis plus excité qu'ému. Il faut bien comprendre que, dans ma tête, il s'agit d'une étape extrêmement importante... Mais ce n'est qu'une étape. Je peux aussi m'appuyer sur cette expérience pour me projeter dans l'avenir : au minimum, je sais désormais que je pourrai me lever avec des appuis. C'est déjà ça de gagné ! Je me rassois, refais l'exercice plusieurs fois. J'ai déjà ma petite idée : dès que je serai revenu dans ma chambre, je continuerai à m'entraîner en prenant appui sur le lit.

– Axel, tu n'oublies pas de laisser tes releveurs dans la salle, hein. Je te connais !

Grillé ! Il me faudra patiemment attendre la prochaine séance.

Les semaines suivantes, j'apprends à me tenir debout, immobile, en prenant de moins en moins appui sur les barres. J'enlève une main, l'autre, puis les deux. J'essaie des choses, je réussis, j'échoue. Parfois, je m'écroule et me rattrape *in extremis*. Je perds de temps en temps courage. C'est tellement dur ! Alors je m'efforce de rester concentré sur mon objectif : progresser et valoriser la moindre évolution, fût-elle minuscule. Je ressens un stress permanent à l'idée que peut-être, je n'arriverai jamais à passer le cap. Quand elle me sent faiblir, Gaëlle se montre d'autant plus persévérante :

– Mon copain Valentin y est arrivé, alors il n'y a aucune raison que toi, tu n'y parviennes pas !

Nous y allons progressivement : elle me demande de tenir debout, les mains le long du corps, puis m'enjoint de rattraper une balle, de fermer les yeux, de me pencher très légèrement sur le côté... Ma lente évolution s'étire sur un mois environ. Je commence à essayer de bouger tout doucement mes jambes en jaugeant mon équilibre et en faisant abstraction de la pesanteur que je ressentais au niveau des pieds lorsque j'étais valide. C'est un système de balancier assez complexe à comprendre pour qui n'est pas en situation de handicap. Alors je prends toujours cette image : imaginez que vous appreniez à marcher sur les mains. Au début, vous manquez d'équilibre ; vous basculez devant, derrière, vous tombez. Vous avez besoin de prendre appui contre un mur. Et doucement, vous vous en décollez. Par votre proprioception, vous apprenez que lorsque votre corps part en avant, il vous faut effectuer un pas avec une de vos mains. C'est pareil pour moi, sauf que vos mains, ce sont mes pieds et qu'en plus, je ne les sens pas du tout ! Je commence par de tout petits pas rectilignes. Puis la même chose sur le côté. J'essaie de moins forcer sur mes bras. Et comme je ne suis pas du genre à me contenter de deux demi-heures de kiné dans la journée, je cherche un moyen pour travailler en dehors des séances, à l'abri des regards. Les règles de sécurité exigent que je sois systématiquement accompagné dans mes exercices. Par chance, tout au bout du centre, se cache un autre gymnase qui va me permettre de contourner le système. Peu de patients s'y risquent. Une aubaine pour moi : il a l'avantage de proposer des barres parallèles sur cinquante mètres de long ! Toute la journée, je m'entraîne. Aller, retour, aller, retour. Ma marche ressemble à celle d'un robot mais je m'accroche. Quand j'entends quelqu'un entrer, je fais mine de me rasseoir. Les rares fois où on me questionne, je prétends que Gaëlle m'a conseillé de venir là. Oui, c'est gonflé ! Mes efforts sont salués tous les quinze jours par les bilans du docteur Khaled. Il mesure chaque fois ma force musculaire. Celle-ci progresse légèrement par endroits, notamment autour du genou. Tout doucement mais régulièrement. Et je vois bien que cela étonne le médecin qui choisit volontairement de rester neutre. Il ne veut pas me donner de faux espoirs ; il a vu trop de patients progresser pour ensuite s'écrouler dans tous les sens du terme.

Et mon histoire d'amour, dans tout cela ? Elle suit son cours. Margaux continue à venir me voir régulièrement. Notre relation résiste tant bien que mal aux épreuves, même si je ne suis pas en possession de tous mes moyens. Les questionnements autour de la virilité et de la libido – pour ne pas dire les angoisses –, je les découvre tout seul, dans mon coin. Personne au centre n'aborde ce volet, pourtant crucial, en particulier pour un jeune de vingt ans. On m'a juste expliqué la distinction entre la fonction urinaire et la fonction sexuelle. Certains récupèrent l'une, l'autre, les deux ou rien du tout. Après mon accident, je n'avais plus la moindre sensation au niveau du bassin. Il m'a fallu attendre la visite au centre d'une icône du motocross, Georges Jobé, pour enfin bénéficier de quelques éclairages. Georges, aujourd'hui décédé, était multichampion du monde ; le plus jeune de l'Histoire (il avait alors dix-neuf ans), devenu tétraplégique à la suite d'un accident une fois adulte. Le genre de gars qui force l'admiration, d'autant qu'il venait de vaincre, l'année précédente, un cancer de la peau. Ses conseils furent bruts de décoffrage mais redoutablement efficaces : il me fallait « réentraîner » cette partie de mon corps comme n'importe quelle autre… en regardant des films pornographiques. Ressusciter le désir et restimuler des fonctions érectiles. Il avait raison ! J'ai progressivement récupéré mes aptitudes dès le mois d'août, à peine deux mois après l'accident.

Quant à la fonction urinaire, elle n'est jamais revenue. Au début, j'ai dû réhabituer ma vessie à fonctionner en buvant un verre d'eau par heure et en me faisant sonder. Je pratique désormais la chose en totale autonomie : je vide artificiellement ma vessie dès que je le souhaite, en respectant à peu près la fréquence des valides, soit quatre à six fois par jour. On s'y fait très bien, à part quelques infections occasionnelles. Si je me permets de vous donner ces précisions, ce n'est pas par impudeur, c'est parce qu'on ne parle jamais de ces choses-là. Le handicap se limite à des questions de mobilité, mais pouvoir monter dans un bus en fauteuil roulant est moins vital qu'uriner. Cela représente aussi un coût considérable : 2 000 euros par mois, juste pour les sondes à usage unique. Heureusement, nous vivons en France et tout cela est très bien pris en charge par l'assurance maladie, dès lors qu'on a passé énormément de temps à remplir des formulaires. Reconnaissance de l'ALD (affection longue durée) dont dépendent tous les remboursements et qu'il faut réactiver tous les cinq ans, établissement d'une carte PMR (personne à mobilité réduite) qui permet de stationner sur les emplacements réservés aux personnes en situation de handicap, carte CMI priorité (carte mobilité inclusion) qui évite les files d'attente, RQTH (reconnaissance de la qualité de travailleur handicapé) qui favorise les démarches pour accéder, garder ou changer d'emploi… Tout cela est fastidieux mais on s'en sort.

C'est bientôt Noël, et comme cadeau anticipé je ne pouvais pas rêver mieux : après six mois non-stop dans ce centre, j'obtiens l'autorisation de rentrer chez mes parents le week-end ! Mais avant, il faut s'assurer que la maison familiale est adaptée à mon handicap. L'ergothérapeute que je ne porte pas dans mon cœur est missionné pour venir inspecter les lieux. En temps normal, le garage est au rez-de-chaussée, et l'espace habitable au niveau supérieur. Mon père a évidemment anticipé et descendu mon lit d'un étage. Je disposerai d'une grande salle d'entraînement sur mesure, confectionnée avec les moyens du bord, ce qui est tout sauf autorisé. Il est en effet strictement interdit de proposer des entraînements en dehors du centre. Non encadrés par des professionnels, ils pourraient se révéler dangereux. La maison de mes parents est censée être un havre de repos. C'est en réalité un formidable espace de sport intensif où personne ne va pouvoir venir m'empêcher de progresser ! Mon père a tout prévu : des morceaux de bois cloués en guise de barres parallèles m'attendent, de même qu'un harnais qui me permettra de me suspendre à une poutre en métal arrimée au plafond, au cas où je tombe en essayant d'avancer.

Lorsque l'ergothérapeute découvre le harnais, il s'enquiert :

– À quoi ça sert, ça, s'il vous plaît ?

Mon père ne se démonte pas et improvise un petit mensonge.

– Ça ? Oh, ce n'est rien. C'est pour la chienne quand on part en balade.

La maison est validée. Je peux rentrer chez moi, regoûter aux exquises tomates farcies de ma mère. Je travaille à mon rythme et les coupes et autres médailles alignées dans le salon me donnent un regain d'espoir. Même si cela peut sembler incroyable, je commence à envisager de refaire de la moto.

– Papa, il faut que je te dise : si un jour, je retrouve mes capacités, je ferai l'Enduropale du Touquet !

– N'importe quoi ! S'il te plaît, évite de parler de tout cela à ta mère. Elle va angoisser.

L'Enduropale, c'est une course mythique, et qui me fait rêver depuis longtemps. Mais nous aurons l'occasion d'y revenir. À cette période, je renoue avec une véritable vie sociale : je recommence à sortir avec Margaux, avec des amis, mais cette fois en fauteuil. Bowling, cinéma… Ces six mois en centre de rééducation m'ont donné une de ces envies de me frotter au monde et de continuer à vivre ! La question du regard des autres sur mon handicap ne me perturbe pas du tout. En fait, je m'en fiche. J'ai simplement envie et besoin d'agir, et sortir fait partie de ma cure. Je suis très vite confronté à de l'apitoiement et c'est vrai que c'est étrange. « Oh, le pauvre ! » Mais les réactions coulent sur moi comme de l'eau ; je sais d'où je viens, je sais où je désire aller. La pitié est un détail puisque dans mon esprit, je n'arrive pas à me défaire de l'idée que mon état est temporaire.

Voilà déjà un an que je suis entré au centre de rééducation. Je suis autonome en fauteuil roulant et c'était bien l'objectif numéro un de l'équipe médicale. De plus, mes progrès commencent à stagner. En interne, on envisage peu à peu ma sortie définitive. Ce n'est pas pour tout de suite mais il faut s'y préparer. En septembre 2011, Gaëlle me propose néanmoins de gagner encore en autonomie en essayant de marcher avec un déambulateur. Flanqué de deux ou trois gars qui se tiennent prêts en cas de chute, je tente cette expérience que je pensais réservée aux personnes très âgées. J'ai énormément de mal à avancer avec cet engin. Tout le poids du corps bascule en avant et quand on n'a presque aucune force dans les jambes, c'est vraiment déstabilisant. Je pressens que ce sera plus simple avec des béquilles. Pour Gaëlle, je grille à nouveau les étapes. Mais je suis sûr de moi et nous avons appris à bien nous connaître. Elle finit donc par céder et cela fonctionne. Me voilà tout enjoué d'arpenter les longs couloirs du centre avec mes quatre jambes. Ma démarche se fluidifie de plus en plus ; elle gagne en rapidité. En novembre, moins d'un an et demi après mon accident, je parviens à faire quelques pas, sans béquilles, dans le salon de mes parents. Je remarche.

JE REMARCHE !

CULTIVER L'OPTIMISME
car, en plus, cela permet de vivre plus longtemps !

Je suis un optimiste invétéré. Ma mère, plus pessimiste, me l'a toujours répété. Le corollaire, c'est que je ne me plains jamais. Ni des accidents, ni de la douleur, ni des difficultés que je peux rencontrer au quotidien. Compte tenu de la plasticité cérébrale (notre cerveau évolue toute notre vie en fonction de notre environnement, de nos apprentissages), je suis persuadé que cet état d'esprit crée des réseaux neuronaux particuliers. J'ai l'impression, à l'aune de mon expérience, que voir le verre à moitié plein génère des expériences positives. Je vous donne un exemple très concret.

Vous roulez en voiture dans une grosse agglomération. Vous cherchez une place. Que vous dites-vous ? « Je ne vais jamais trouver » ? « Au pire, je me mettrai au parking, plus loin » ? Moi, je suis toujours celui qui y croit. Je me répète : « Je vais trouver une place. » Jusqu'au dernier moment. Et je vous jure que la plupart du temps j'en trouve une ! Pareil pour le train. Les départs pour Lille (où j'habite) depuis Paris sont toujours à heures fixes : 15 h 44, 16 h 44… Même si j'arrive gare du Nord à 16 h 50, je continue à me dire que c'est possible. Et de fait, la dernière fois, je suis arrivé devant les panneaux d'affichage : le train avait dix minutes de retard. J'ai pu le prendre !

C'est une philosophie de vie qui irradie dans tous mes projets les plus fous. Qu'est-ce qui m'arrête, si ce n'est moi-même ? Avec Charlotte, la femme avec qui je partage désormais ma vie, nous essayons aussi d'appliquer ces préceptes avec nos enfants. Ils sont encore petits mais lorsque je joue aux petits chevaux avec Oscar, quatre ans, et qu'il faut faire un 6 pour commencer, il m'arrive de prendre beaucoup d'avance sur lui. J'essaie de lui expliquer qu'il ne faut pas se décourager et qu'il est important d'y croire jusqu'au bout, parce que tout peut changer. Et il se rend bien compte, une fois qu'il a fait son 6, que parfois il me rattrape, voire me devance ! Je consolide cet acquis par la parole : « Tu as bien fait d'y croire ! »

S'il vous faut une dernière raison pour oser l'optimisme, sachez que des scientifiques sont arrivés à la conclusion que cela contribuait à vivre plus longtemps en bonne santé !

Une enfance pas comme les autres

Au regard des quelques mois que je viens de vous relater, on me questionne souvent sur ma force de caractère, la puissance de mon mental. On s'imagine que toute cette énergie de la performance coule dans mes veines depuis ma naissance, que je suis un extraterrestre. Pas du tout. Je vous propose un petit détour par mon enfance et mon adolescence, histoire de vous faire comprendre sur quel terreau ont poussé mes racines. Quand on ausculte mon passé, on saisit mieux d'où vient ma ténacité. Et vous verrez par la suite que vous n'avez actuellement qu'un tout petit aperçu de ce que j'appelle la pugnacité !

Je suis né le 5 février 1990 à Lesquin, dans les Hauts-de-France, non loin de Lille. Une petite ville paisible de moins de dix mille habitants. Fils unique, famille modeste, maison confortable mais sans prétention. Ma mère, Francine, est assistante de direction. Mon père, Bruno, est entrepreneur. Il fait commerce dans le recyclage des batteries. Une sorte d'aventurier des temps modernes qui a toujours beaucoup voyagé au gré des opportunités professionnelles. Je découvre le monde en famille depuis que je suis tout petit, m'ouvrant à des cultures extrêmement différentes : Asie, Amérique, Europe y compris de l'Est. Pays émergents, pays riches. Mais surtout, mon père est un sportif dans l'âme. Amateur invétéré, il a toujours refusé de passer professionnel, ce qui ne l'a pas empêché d'exceller dans toutes les disciplines qu'il a essayées : le judo, le ping-pong, la course à pied et sa grande passion, la moto. Il a commencé par le circuit puis s'est spécialisé dans les courses sur sable. Il fait de la compétition depuis ses quinze ans et il est très bon. Après ma naissance, il est un peu moins assidu mais continue à s'entraîner. Ma mère m'emmène le voir. Mes premières années sont bercées par ces moments où je l'admire, traçant son sillon dans le sol meuble qui jaillit. Je comprends son sens du détail, sa méticulosité à soigner son matériel, sa motivation intérieure très puissante, aussi. Ma mère m'a raconté qu'à l'époque où il enchaînait les compétitions, il n'allait même pas chercher sa médaille. Seule comptait la satisfaction personnelle d'avoir dépassé ses limites. Le voir si heureux en train de rouler suffit à m'inoculer le virus des sports mécaniques. Je veux être motard, comme papa !

À un an, je fais mes premiers pas. À un an et demi, mes parents m'assoient sur le devant de leur moto quand ils partent en balade, tout près du guidon. Il paraît que je m'y endors régulièrement ! Le vrombissement du moteur m'apaise. À deux ans, on m'offre un vélo pour m'empêcher de passer trop d'heures sur une console de jeux. Ce sont les débuts de la PlayStation et mes parents ont bien compris qu'il fallait m'occuper à autre chose. « Tes copains jouent artificiellement à faire du vélo ; toi, tu le fais pour de vrai ! » me répète mon père. Sa philosophie : le sport est l'alibi pour apprendre la vie. Alors autant commencer tôt ! À deux ans et demi, je roule sans les stabilisateurs censés pallier les défauts d'équilibre des jeunes enfants. Vous pouvez relire cette phrase parce que j'ai bien conscience que c'est atypique : je roule sans les petites roues. Ma mère a retrouvé les albums photos pour être sûre de ne pas affabuler. J'adore la sensation de glisse, les dérapages, quel que soit le nombre de roues des engins. J'aime aussi faire des blagues et me déguiser, et particulièrement en infirmier. Une forme de prescience ? Il paraît que je suis un petit garçon volontaire mais respectueux et facile à élever. Derrière notre maison, les champs sont mon premier terrain de jeux pour m'exercer à vélo. Je façonne quelques bosses avec de la terre, de l'herbe et de la paille et m'essaie à des petits sauts. L'adrénaline s'invite très tôt dans mon corps et je comprends qu'avec peu de moyens des sensations extrêmement puissantes sont possibles. Mes parents ? Ils me laissent faire. C'est un des secrets de leur éducation. Ils m'ont toujours permis de tester mes limites, dans la mesure du raisonnable. Mon père a été élevé de la même façon. Là où bon nombre de familles tremblent pour leur progéniture dès qu'elle se tient sur ses deux jambes, je bénéficie d'une immense liberté. Je tombe beaucoup, je me fais souvent mal mais, à force de recommencer, j'acquiers une conscience acérée de mon corps, à un âge où mes copains redoutent de se casser la jambe en sautant d'une simple marche d'escalier. Certains adultes considéreraient mes parents comme inconscients. Je ne le crois pas. Leur regard bienveillant m'a permis de me construire un surmoi suffisamment protecteur pour ne pas (trop) me mettre en danger.

Qu'il vente, qu'il neige ou qu'il fasse soleil, je roule et c'est formidable !

Quant à la petite école de la ville, j'aime m'y rendre mais pour une raison très précise : il y a des draisiennes, ces vélos sans pédales qui permettent aux enfants d'appréhender l'équilibre avant de se lancer sur de vrais cycles. Pour moi, l'équilibre n'est plus une question ; c'est un acquis. En revanche, j'attends avec jubilation l'heure des récréations pour faire la course avec mes amis, dont Maxime qui fabrique aujourd'hui mes attelles. J'aime me confronter à lui parce que nous sommes faits du même bois : Maxime aime gagner ; je sais qu'il n'abandonne jamais une victoire sans avoir tout donné ! L'autre chose que j'apprécie à l'école, ce sont mes longues discussions avec la maîtresse, à propos de ce que j'ai vu des autres enfants à l'étranger, par exemple. Elle s'en ouvre à ma mère : « Avec Axel, les discussions sont en perpétuelle évolution ; c'est rare, à cet âge ! » Elle a aussi cette formule qui restera gravée dans la mémoire de mes parents, tant elle se révélera exacte : « Axel apprendra plus en voyage qu'à l'école. »

Mais revenons à mon objectif : je veux être motard. Mon père me prend au mot. À quatre ans, il me fait monter sur un minibolide adapté aux enfants. Je trouve ça tellement chouette ! Il pousse l'expérience plus loin et me met au défi de participer à une compétition amateur en Belgique, à une demi-heure de chez nous. Si vous n'êtes pas passionné par cet univers, vous l'ignorez probablement, mais les compétitions à vélo et à moto sont accessibles à de très jeunes enfants, à partir de quatre ans. À mes côtés, lors de cette toute première course, des congénères de huit à dix ans, avec des motos bien plus puissantes que la mienne. Le terrain est endommagé, plein d'ornières dissuasives. J'ai beau être minot, j'ai parfaitement conscience que tout cela n'est pas très normal, compte tenu de mon niveau. Je suis un débutant. Il y a beaucoup de bruit, les autres roulent très vite sans se soucier de moi. Je vais finir en chair à pâté ! Je suis tétanisé par la peur ! Mais je n'ose pas l'exprimer. Comment faire ? Premier virage, je m'arrête et prétexte l'envie d'uriner. Deuxième virage, je m'arrête à nouveau. Papa, fais quelque chose ! Je suis mort de trouille ! L'impression d'être obligé de rentrer dans un cercle infernal où je vais me faire broyer. Troisième virage, stop à nouveau. Je réclame de l'eau ; j'ai trop soif. Papa, j'ai peur ! Sors-moi de là ! Mais non. Mon père ne comprend pas ce qu'il se passe.

– Roule, Axel ! C'est une course !

Je n'ose toujours pas hurler à quel point je me sens mal. Cette sensation qui m'oppresse gagne en puissance et m'empêche de bien respirer. C'en est trop ! Je finis par mettre fin au massacre. Mes jambes flageolent. Je ne me sens pas à la hauteur. Sentence paternelle immédiate :

– Allez, hop, ça suffit ! On arrête la moto ! Tu n'es pas fait pour ça ! Quand tu seras champion d'Europe de BMX, on en reparlera.

Radical. Si je veux poursuivre mon rêve, me voilà destiné à devenir le meilleur à vélo tout-terrain. Champion d'Europe, rien que ça ! Après tout, c'est logique : BMX signifie *bicycle motocross*, l'étape d'avant le motocross tout court.

Mes parents m'inscrivent au LUC (Lille Université Club) de BMX en 1995. J'ai cinq ans et déjà une vision précise de ce qui me motive. Or l'entraîneur propose des exercices profondément ennuyeux. Tourner sur un circuit de façon machinale : quel intérêt ? Mon histoire avec le sport de haut niveau aurait pu s'arrêter là si je n'avais pas eu des parents malins. Ils décident de m'emmener voir une compétition junior. Cette fois, j'apprécierai le spectacle sans y participer et sans aucune pression. Si je n'accroche pas, on passera à autre chose. C'est la révélation ! Ces enfants ont le sourire, ils ont l'air de s'éclater ! Je savoure cette bonne ambiance, je ressens la force de tous ces regards admiratifs tournés vers les petits pilotes, j'entends les applaudissements qui me provoquent des frissons. Je veux faire partie de la fête ! Je retourne en club avec un nouvel entraîneur qui comprend tout de suite qu'il me faut des exercices ludiques avec une notion systématique de défi. Plutôt que de me faire rouler sur circuit, il me demande de tenir en équilibre le plus longtemps possible sur le vélo, de pratiquer des sauts. J'aime ça ! Mes parents me mettent aussi au judo. Une bonne façon d'apprendre à tomber, ce qui me servira grandement dans le futur.

Six ans : première compétition de vélo. J'éprouve une légère appréhension au moment du départ, mais rien de très handicapant. Mieux : j'aime cette sensation qui me picote le thorax et rend ma gorge sèche. Rien à voir avec cette vilaine compétition de moto où je m'étais senti tétanisé. Et puis comme dit mon père, il n'y a aucune raison de penser que je ne vais pas y arriver. Et si je n'y arrive pas, ce n'est pas grave ; j'apprendrai de mes erreurs. Ce jour-là, je me sens très à l'aise en BMX. Je remporte la course. Et c'est moi qu'on applaudit. Mes parents me félicitent plutôt discrètement. On n'est pas très démonstratifs, dans la famille. Pour mon père, une victoire ne sert jamais qu'à passer à l'étape supérieure. Sans jamais l'exprimer de cette façon, il a aussi cette idée que trop complimenter un enfant qui gagne, c'est potentiellement en faire un gamin détestable et suffisant. Je comprends assez vite que ce n'est pas tant dans ses yeux qu'il me faut chercher la fierté qu'à l'intérieur de moi-même. Peut-être ai-je malgré moi développé une motivation personnelle particulièrement puissante, suite à l'épisode de la compétition de moto où lui et moi ne nous étions pas compris ? Quoi qu'il en soit, j'aime profondément me dépasser et être le meilleur. Un moteur qui m'amène très vite, très loin : en 1996, je deviens champion d'Europe junior à Genève, du haut de mes six ans. La contrepartie ? J'ai beaucoup de mal à supporter la défaite. Je reconnais sans problème les performances de mes adversaires mais en toute honnêteté, je ne peux pas concevoir d'être deuxième. Pour preuve, toujours à six ans, je deviens vice-champion du monde junior de BMX en Angleterre et je fonds en larmes ! Mes parents font de leur mieux pour tempérer cet état d'esprit qui, selon eux, ne peut engendrer que souffrance et frustration. Ils me félicitent et remettent les événements en perspective. Rien n'y fait : être deuxième, c'est avoir perdu.

Mon père prend une place importante dans ma vie de jeune sportif. Il me donne quelques conseils pour m'entraîner, pour optimiser ma récupération. Lui et ma mère se montrent très attentifs à ce que je maintienne une excellente hygiène de vie, me conseillent d'aller me coucher tôt la veille des compétitions, d'éviter de trop rouler avant pour ne pas avoir mal aux jambes. Je mange équilibré. Si petit, j'évolue dans un cadre de vie parfaitement adéquat à la performance sportive. Et j'ai, pour ainsi dire, un coach à demeure. Certains argueraient que cette forme d'ascétisme n'est pas de mon âge mais je m'en satisfais très bien, et même j'en redemande ! Ma petite bulle de futur sportif de haut niveau est en construction. Je ne retire pas de gloire de mes exploits. « On ne sauve pas des vies comme des chirurgiens, quand même ! » C'est ce que pense mon père et il me le transmet. C'est le fait même de concourir, de prendre part à l'effervescence d'un événement sportif, qui me motive. Comme je ne suis pas un grand parleur, je ne discute jamais de mes exploits avec mes copains d'école. De plus, les réseaux sociaux ne sont pas encore arrivés dans nos vies ; il est encore possible de rester discret. De toute façon, mes amis et moi ne partageons pas du tout les mêmes centres d'intérêt. Ce n'est pas un jugement de valeur mais un fait : eux préfèrent jouer aux petites voitures. Moi, je roule. Et plutôt bien ! En 1996 et 1997, je décroche le titre de champion d'Europe de BMX.

Le cliché de la petite famille idéale et du fiston qui fait tout bien comme il faut commence à se craqueler en 1998. À nouveau les championnats d'Europe. Le parcours comporte une grosse bosse. J'ai le choix de la sauter ou pas. Mon père insiste. Je refuse ; elle me fait peur. Tiens, tiens, nous y revoilà ! Il tente de me convaincre, persuadé qu'il a raison. Mais elle m'effraie, cette bosse. Et je sais que, même en contournant cette difficulté, je peux viser le podium. Le sang de mon père ne fait qu'un tour : il me plante là, juste avant le début de la course. « Puisque tu n'en fais qu'à ta tête, je ne m'occupe plus de toi ! » Ma mère, heureusement sur place, pallie son absence comme elle le peut, sans rien connaître au BMX. Elle me rassure et me transmet les quelques conseils qu'elle parvient à soutirer aux entraîneurs officiels. Quand je m'élance, mon père est aux abonnés absents ; du moins, c'est ce que je pense. Je tiens bon. Je négocie la bosse en faisant une roue arrière, sans sauter. Et je suis sacré champion d'Europe, pour la troisième année consécutive. Papa réapparaît. Il m'attend à l'arrivée et me serre dans ses bras. Ses congratulations prennent une tournure dont je me serais volontiers passé :

– Enfin bon, quand même, tu as eu chaud !

J'ai effectivement failli perdre l'équilibre pendant la course. Mais pourquoi me le faire remarquer à ce moment-là ? J'apprends à ne compter que sur moi-même. Et à vivre avec une figure paternelle, positive et très inspirante en bien des points, mais « sanguine ». Aujourd'hui encore, il est impossible de faire entendre raison à mon père lorsqu'il est persuadé d'être dans le vrai. Mais j'ai aussi appris qu'avec lui « qui ne dit mot n'en pense pas moins » : il a toujours été présent lors de mes compétitions, il a toujours cru en moi, même s'il ne l'a jamais clairement exprimé. C'est un discret. La retenue est une politesse. Je tiens de lui.

À l'aube de l'an 2000, j'affiche trois titres de champion d'Europe et deux titres de champion du monde junior, à seulement dix ans. J'ai amplement rempli ma part du contrat : je me sens en droit de réclamer la moto tant attendue. Mon père m'offre une 85 cc. Et ma carrière de pilote de motocross démarre sur les chapeaux de roues : pour ma première grosse compétition, je lâche l'embrayage et pars en arrière, réalisant bien malgré moi un soleil, un tour à 360 degrés sur moi-même. Une erreur de débutant. J'apprends de mes maladresses et je progresse vite. Trop vite, peut-être : à douze ans, alors que je peux encore concourir avec les dix-douze ans, mon père croit judicieux de m'inscrire dans la catégorie supérieure, ouverte aux douze-quatorze ans. Me voilà à nouveau confronté à de grands gaillards qui roulent sur des cylindrées bien plus puissantes que la mienne. Pourquoi ne pas me laisser tranquillement gagner dans la catégorie des plus jeunes ? « Parce que côtoyer les meilleurs, c'est ce qui fait progresser », argue mon père. Je ne discute pas (encore) ses décisions mais avec le recul je mesure à quel point cela peut affaiblir la confiance en soi. Les courses ne sont jamais faciles pour moi. Je dois batailler, me faire violence. Les victoires me semblent chaque fois arrachées au prix fort. Je me sens rarement à la hauteur. Malgré moi, une petite voix me murmure régulièrement : « Tu n'es pas assez fort. » Et même quand je gagne, j'ai du mal à profiter de la victoire : je reste dans le contrôle. De plus, mon père a tendance à minimiser mes performances. Selon lui, si je gagne, c'est parce que c'est « facile ». Enfin, il m'incite tout de suite à penser à la prochaine échéance. C'est dur mais cela ne laisse aucun autre choix que de se dépasser. Peut-être aussi ai-je ma part de responsabilité dans la perception qu'il a de moi ? À douze ans, je sais conduire une voiture, piloter une pelleteuse. Je l'ai toujours habitué à des capacités hors norme pour un enfant de mon âge, et de plus, je suis fils unique : il n'y a pas de référence équivalente au sein de la famille. Ne croyez pas que je me considère comme exceptionnel pour autant : c'est toute la question de la poule et de l'œuf. Suis-je « à part » ou mon éducation si particulière a-t-elle permis que j'explore des aptitudes habituellement réservées aux adultes ? C'est cette dernière option que je retiens, sans l'ombre d'une hésitation.

À quatorze ans, en catégorie minimes, je gagne toutes les compétitions de l'année, y compris les championnats de France, à une exception près – encore une histoire de changement de catégorie. En « cadet », je me retrouve face à des ados de seize ans. Cela n'a aucun sens, compte tenu des immenses différences physiques entre quatorze et seize ans. C'est dur mais je serre les dents. Je ressens aussi une forte pression familiale. Pas du fait de mes parents qui sont sincèrement heureux de partager ces moments avec moi. Mais parce que j'ai conscience que tout ce temps passé à mes côtés relève d'une forme de sacrifice. Les compétitions se déroulent partout en France, parfois en Belgique, en Hollande, en Angleterre. Toutes les vacances de mes parents sont vouées à m'accompagner ici ou là. Ils n'ont jamais été d'accord avec ce point de vue. « C'est une question de compromis, comme le proclame mon père. Moins de temps pour le travail, plus pour la famille et c'est notre choix. » Je me promets d'être le meilleur pour les remercier mais je garde ce serment pour moi.

Côté école, c'est une tout autre histoire. Et heureusement que mes parents ne sont pas trop sévères à ce niveau-là. Juste avant le brevet des collèges, je me blesse : poignet cassé. Pas le choix : je devrai écrire de la main gauche. Je fais comme je peux mais forcément, mes copies ne brillent pas par leur propreté. Quand je reçois mes résultats, je reste stupéfait par la note attribuée au soin : 0/20 ! Cet épisode sonne le glas de ma relation de confiance avec l'Éducation nationale. Et cela ne va pas aller en s'arrangeant. Mon brevet en poche, je bascule en filière professionnelle, seul moyen de continuer l'école en même temps que mes entraînements de plus en plus fréquents et intensifs. Je choisis un BEP vente, pis-aller le moins inutile possible. Lors de mon inscription, en lycée privé pour avoir un peu plus de latitude, mes parents et moi rencontrons la directrice et lui exposons mon cas. Le sport n'étant pas fondamental en BEP, sera-t-il possible de manquer certains cours d'éducation physique pour aller m'entraîner quand cela est nécessaire ? La directrice nous assure de sa compréhension : sa propre fille pratique l'équitation à un certain niveau ; elle connaît l'abnégation nécessaire pour persévérer dans une voie professionnelle.

Au bout de quelques semaines, je suis obligé de me rendre à un entraînement de motocross et loupe donc le cours de sport. Le lendemain, convocation ! La conseillère principale d'éducation et la professeure principale, également prof de sport, me passent sur le gril. Serein, j'explique que la directrice m'a donné son aval pour louper quelques cours. Les deux femmes, stupéfaites, appellent leur supérieure, qui nie tout en bloc. La fureur monte peu à peu en moi. « Appelez mes parents, vous allez voir ce qui a été dit ! » Elles refusent catégoriquement et insistent de plus belle : si ce genre d'autorisation était donnée, les élèves feraient n'importe quoi dans le lycée. Pire : on m'annonce que je vais être collé quatre samedis de suite, à raison de deux heures chaque fois. Vous commencez à comprendre que je suis résistant à pas mal de choses. Mais ce qui me fait vriller les nerfs, c'est le sentiment d'injustice. Ces femmes mentent, me font passer pour le coupable et en plus projettent de me punir ! Je rentre dans une rage d'adolescent incontrôlable : d'une main, je balaie l'intégralité de ce qui se trouve sur le bureau de la CPE ! Je me mets à donner des coups de pied dans le meuble en hurlant ! Je cours ensuite me réfugier dans la cour de récré pour essayer de me calmer. Ce sont carrément des policiers qui viennent m'interpeller et m'enfermer dans une classe en attendant l'arrivée de mes parents. Mais que voulez-vous que ces derniers rétorquent ? Que j'aurais dû me contenir ? Qu'il faut toujours contrôler ses nerfs ? Ils sont bien placés pour savoir que j'ai raison d'être en colère, vu qu'ils étaient présents lors de la promesse de la directrice. Je reçois donc de leur part très peu de remontrances, même si je suis exclu de l'école une semaine. Je reviens ensuite en cours mais l'accalmie est de courte durée.

À quinze ans, je deviens champion du monde junior de supercross à Cardiff, au Royaume-Uni. Une ambiance de folie ! Je sens toute la puissance du public, ses encouragements qui me donnent des ailes. Le week-end suivant, je pars m'entraîner avec mon père sur les plages de Dunkerque. Je ne ressens pas la fatigue et pousse le bouchon un peu loin malgré moi : lors du dernier tour, je chute et m'éclate le genou gauche. Quand je dis « éclate », ce n'est pas une façon de parler : rupture des ligaments croisés, intérieurs, postérieurs, ménisques. La totale ! Mon genou est tellement amoché qu'il me faut porter un plâtre pendant deux mois avant d'envisager une opération. Dans mon lycée professionnel, il n'y a pas d'ascenseur. Descendre la classe au rez-de-chaussée ? Il semblerait que cela ennuie tout le monde bien que ce soit tout à fait possible. Personne ne fait le moindre effort et je me retrouve chez moi, pendant deux mois. Je souffre beaucoup. J'essaie de récupérer les cours auprès de mes camarades, mais j'abandonne rapidement. Le sort s'acharne : au bout de deux mois, le médecin m'annonce qu'il va d'abord falloir remuscler ma jambe avant d'opérer ! C'est là que je rentre pour la première fois au centre de rééducation *L'Espoir*, pour deux mois à nouveau. Mes parents m'inscrivent au CNED, le Centre national d'enseignement à distance. Puis je me fais enfin opérer. Et c'est reparti pour de la rééducation ! Au total, j'arrête la compétition pendant neuf mois – une éternité lorsqu'on est en pleine ascension. En 2006, je reprends peu à peu la moto via des courses sur sable, comme à Berck-sur-Mer. Et je gagne. Mes parents se rendent à l'évidence : je ne vais pas pouvoir continuer à concilier les études avec ce qui semble de plus en plus se dessiner comme ma voie professionnelle. J'abandonne le lycée, j'abandonne le CNED et je ne passe même pas mon BEP. Mes parents se sont faits à l'idée que leur fils ne ferait pas de grandes études. Comme mon père est un pur autodidacte hérissé par l'école au point d'être incommodé par l'odeur des lieux quand il se rend aux réunions parents-professeurs, vous imaginez bien qu'il n'a pas vraiment cherché à me dissuader. Bon nombre de ses amis le prenaient pour un fou, ils étaient persuadés qu'il regretterait toute sa vie d'avoir cautionné mon abandon scolaire. Mais mon père n'a jamais douté de ma débrouillardise.

À seize ans, je passe la vitesse supérieure. Mes résultats sportifs sont bons. Je roule sur une plus grosse moto, une 125 cc. J'ai pour la première fois à mes côtés un mécanicien, Romain. C'est lui qui gère désormais mon matériel. Je m'attaque aux championnats d'Europe de motocross, l'antichambre des grands prix et de la professionnalisation. Je me fais repérer par Yamaha qui me prête des véhicules. À mes dix-sept ans, cette prestigieuse marque propose à mon père de faire de moi le digne successeur d'Arnaud Demeester, le champion absolu des courses sur sable qui est en train de raccrocher. Il détient par exemple le record du nombre de victoires à l'Enduropale du Touquet. Imaginer que je puisse prendre sa suite n'est pas rien, surtout pour mon paternel qui s'est lui aussi spécialisé dans ces courses-là. Mais mon père refuse. Il rêve « plus grand » pour moi et selon lui, dans la vie, il faut tout faire pour ne pas nourrir de regrets. Je ne peux pas lui jeter la pierre, car à cette époque c'est aussi mon point de vue. Je suis obsédé par la perspective de participer à des grands prix, à des championnats du monde sur circuit. Ce serait incompatible avec les courses régionales sur sable, pour des questions d'agenda. En y repensant, je me demande si nous avons bien fait de décliner l'offre de Yamaha. Mon avenir aurait été tout tracé. Les courses sur sable représentent six mois maximum de compétition dans l'année, l'assurance – quand on est performant – de gagner sa vie assez rapidement. Et en plus, ç'aurait été pratique puisque la plage est à quelques minutes de chez moi. L'idée qu'on me considère comme très prometteur sur le sable se plante néanmoins comme une petite graine dans un recoin de mon cerveau. Cette graine va pousser, pousser, pousser pendant des années. Et vous verrez que, plus tard, j'en ferai quelque chose.

Mais pour l'heure, je garde le cap en tant que pilote de motocross sur circuit. Je poursuis mon ascétisme : je n'ai jamais vu l'ombre d'une boîte de nuit ; je ne sors pas. Mon obsession pour la moto est plus forte que tout. Quelle chance d'avoir une passion quand on est adolescent et qu'en plus elle draine avec elle des résultats satisfaisants ! L'équipe KTM junior, une des meilleures du monde, m'intègre dans ses rangs. Je fais la connaissance d'Armando qui restera mon mécanicien pendant trois ans. C'est lui qui prépare mon véhicule à chaque grande échéance. Son rôle est déterminant, car ma sécurité dépend de sa rigueur. Armando a une solide expérience en grands prix et cela se sent : il fait preuve d'une excellente anticipation. Cela me met en confiance. J'ai un véritable allié à mes côtés, même si nos rapports se limitent à la cordialité : un bon mécano n'outrepasse jamais son rôle technique. Il ne donne aucun conseil, en tout cas en principe. Il n'interfère pas non plus dans la vie privée des pilotes. Tout se professionnalise pour moi, désormais. Grand bouleversement : je déménage en Hollande avec toute l'équipe KTM. Quitter ma famille n'est pas un problème en soi, d'autant que je reviens régulièrement chez mes parents. Mais je n'ai pas le permis de conduire, ce qui me rend peu autonome à l'étranger. Je dois aussi apprendre l'anglais sur le tas, parce qu'on ne peut pas dire que mes cours à l'école aient porté leurs fruits. Et… il pleut constamment. Moi qui suis natif de la région lilloise, je devrais être habitué, mais c'est vraiment pire que chez moi. Si les Pays-Bas sont si verts et si beaux, je sais désormais pourquoi. Je déprime. Heureusement, je partage mon appartement avec un coéquipier français, Valentin Teillet ; un garçon adorable avec qui je m'entends merveilleusement. On se remonte le moral. Mais quand la tête ne va pas, rien ne va. Je me blesse beaucoup, en 2008 : l'épaule, le genou. Une année de contre-performances, au contraire de Valentin qui devient champion d'Europe, alors que je le battais régulièrement l'année précédente. Je suis heureux pour lui mais cela renforce mes doutes. Suis-je fait pour ce sport ?

La réponse ne se fait pas attendre. L'année suivante, je retrouve du poil de la bête et deviens vice-champion du monde de la coupe FIM (Fédération internationale de motocyclisme), ouverte aux pilotes jusqu'à leurs dix-huit ans. Je remporte aussi le MX International Master Kid, une prestigieuse compétition où se côtoient les meilleurs jeunes pilotes du monde. Et je termine sixième au classement général des championnats d'Europe. Une belle performance qui incite KTM à me proposer de devenir pilote professionnel : je suis désormais payé pour vivre ma passion. Le rêve ! Je participe aux Grands Prix de France, d'Espagne, d'Italie, de Bulgarie, avec de bons résultats. Mon objectif : continuer à accumuler des points à chaque compétition, qui me permettront un bon classement final. Rien ne semble pouvoir m'arrêter et je ne le veux surtout pas : non seulement je suis passionné par ma discipline mais je suis drogué à ces ambiances survoltées où on se sent tellement porté par le public. C'est dans ce contexte qu'intervient la fameuse course en Lettonie, en 2010, où je perds l'usage de mes jambes. C'est tout mon rêve qui s'écroule et vous comprenez probablement un peu mieux que ce rêve, je le nourrissais depuis très longtemps. Faire autre chose de ma vie relevait tout simplement de l'inconcevable. Maintenant que la perspective de devenir champion de motocross n'existait plus, que me restait-il ?

TRAVAILLER L'AUTONOMIE ET LA CONFIANCE EN SOI PENDANT L'ENFANCE
et lutter contre nos envies de surprotection

Avec le recul, je me dis que si j'ai réagi avec le maximum de calme et de discernement le jour de mon accident, c'est parce que, tout au long de mon enfance, j'ai été encouragé à m'élancer. Et même si je suis passé par des moments difficiles et des incompréhensions avec mon père, mes parents peuvent être fiers de cela : ils m'ont donné le bagage suffisant pour être armé face à l'adversité.

Pour que cela soit possible, trois paramètres indispensables : que l'enfant puisse tester ses propres limites pour gagner en confiance. Que ses parents luttent contre leurs propres démons de surprotection. Et que son entourage valorise ses initiatives ou, en tout cas, ne les dénigre pas.

En ce qui concerne mes limites, très tôt mon père et ma mère m'ont laissé expérimenter des situations que bien d'autres parents auraient trouvées trop dangereuses. Ils m'ont mis en garde mais je me suis cassé la figure très tôt. Personne n'a jamais accouru en hurlant d'inquiétude. Je me relevais, parfois je pleurais, et je continuais mes expériences. J'ai repoussé mes limites, chaque fois un peu plus.

Certains considèrent que les pilotes de motocross sont des têtes brûlées mais c'est tout le contraire. Je peux vous dire que lorsque vous abordez à moto une série de bosses sur trente mètres de long, vous avez intérêt à avoir une conscience acérée du danger pour doser convenablement les gaz ! C'est dans l'enfance que j'ai construit cette base. Toutes mes prises de risques et mes blessures m'ont paradoxalement sécurisé. Elles m'ont donné conscience de mes limites et confiance en moi.

Concrètement, dans la vie de tous les jours, ma compagne et moi tentons d'appliquer ces préceptes avec nos enfants en leur laissant expérimenter toutes sortes d'activités parfois pas du tout de leur âge. Oscar, quatre ans, sait déjà se servir d'une scie et d'une perceuse, ce qui estomaque nos amis quand ils viennent à la maison ! Il monte sur des petites motos, s'amuse à faire du *wheeling* (équilibre sur roue arrière). Vous avez vu le père qu'il a ? Je ne vais quand même pas le lui interdire ! Alors je lui explique les dangers, je veille à ce qu'il conduise sur de l'herbe moelleuse, je minimise sans lui dire la vitesse de son engin grâce à une télécommande et je le laisse faire ses expériences. C'est cet état d'esprit qui permet, adulte, d'avoir suffisamment confiance pour mettre à distance les critiques d'un manager qui n'a rien compris à votre personnalité, ou le comportement polluant d'un collègue qui essaie de vous écraser pour mieux briller.

Concernant la valorisation des initiatives et des envies, quand j'ai annoncé à mon père et à ma mère que mon but dans la vie, c'était de devenir champion du monde de motocross, ils m'ont répondu : « Champion du monde ? OK, vas-y. On verra bien. » Tout était ouvert et la différence avec d'autres enfants s'est probablement établie à ce moment-là. Je vois tellement de parents qui, sans en avoir l'intention, fragilisent la confiance de leur progéniture ! Ceux qui répètent en boucle « Attention ! », « Tu vas te faire mal ! », « Attends, je vais le faire à ta place » n'ont pas conscience qu'ils façonnent des êtres timorés. Je me souviens notamment d'un homme à qui j'avais acheté un petit kart d'occasion pour mon fils. Il était lui-même en présence de son enfant, propriétaire initial de l'engin, quand je suis arrivé chez lui. Il m'a parlé de son fils en des termes qui résonnent encore en moi : « De toute façon, mon fils, il ne faut pas qu'il rêve. Il ne pourra jamais prétendre à aucune carrière en karting. » J'en étais abasourdi. Et pourquoi pas ? Ces propos ont dû marquer le coup d'arrêt définitif des rêves du petit. Si j'avais eu des parents comme cet homme, je ne serais jamais devenu champion de quoi que ce soit !

Se jeter à l'eau

Observons la situation avec un peu de recul : j'ai vingt-deux ans, je suis paraplégique. Mais à l'aide de mes béquilles, je parcours sur mes deux jambes une certaine distance que j'allonge au prix d'un entraînement acharné : jusqu'à trois kilomètres en m'appliquant. Pas mal pour un mort-vivant, mais pas assez pour un champion de motocross. Alors maintenant, que faire ? Subir le changement ou le créer ?

Au centre de rééducation, le personnel encadrant a pour principe de nous faire découvrir le handisport. Une vraie récréation pour les profs d'éducation physique qui adorent par exemple chahuter lors des sessions de basket-fauteuil ! J'essaie de m'intéresser autant que possible à ces nouvelles disciplines mais, honnêtement, j'ai un peu l'impression de perdre mon temps. Je suis plus adepte des sports solitaires ; pas par aversion pour les autres mais parce que je suis le seul à blâmer si les résultats ne s'avèrent pas à la hauteur. Je m'aperçois toutefois assez vite que d'ici à quelques années, en 2016, seront organisés les Jeux olympiques de Rio et donc les Jeux paralympiques. Vous me voyez venir ? Ce serait formidable de relancer ma carrière sportive, malgré le handicap. Ou plutôt : avec le handicap, car il fait désormais partie de ma vie et j'ai tout intérêt à le considérer comme une force. OK pour une carrière sportive, mais dans quelle discipline ? Je me mets à tout essayer. Lors d'un congé d'une semaine, je pars au ski, aux Arcs, avec Margaux et ses parents. Je sollicite une jeune association qui propose des cours de handiski ; autrement dit : le ski-fauteuil. Je n'ai pas d'autre choix que d'apprendre à la vitesse de l'éclair : le prix des cours particuliers est exorbitant. En deux heures, je suis au point et en plus je prends un sacré plaisir ! Les sensations de vitesse sont délicieuses, comme en ski valide. Mon prof, Manu, n'en revient pas.

– Axel, vu tes facilités, tu peux directement viser l'équipe de France de handiski pour les prochains Jeux paralympiques ! Je ne plaisante pas du tout !

J'entends le compliment mais cela ne me tente pas trop. Il faudrait que je déménage à la montagne, moi qui n'ai aucune envie de quitter le Nord. Je cherche autre chose. L'escrime-fauteuil ? J'aime bien. Mais il faut être deux pour s'entraîner. Problématique, si je veux m'investir à 200 % et pouvoir travailler quand je le souhaite, sans dépendre de personne. J'essaie la natation. Il s'avère que l'une des kinésithérapeutes du centre, Anne Ryckelynck, est aussi coach en la matière. Elle travaille au ROC, le Ronchin Olympique Club, un club où se réunissent des nageurs valides et invalides, et s'occupe plus spécifiquement de ces derniers. Avec mon grand corps et mon envergure de bras, il n'est pas incohérent de penser que ce sport puisse me correspondre. Et j'adore l'eau. Ma première rencontre avec Anne sera décisive. Il me faut absolument lui faire comprendre quels sont mes objectifs. J'arrive au bord de la piscine en fauteuil, casquette Red Bull vissée sur la tête, l'air déterminé. Nous nous saluons et je me lance, avant même d'avoir effleuré l'eau.

– Je te préviens : je veux monter sur un podium dans six mois !

– Très drôle !

– Je ne plaisante pas, je t'assure !

– Oui, alors avant, mets-toi dans la piscine et montre-moi ce que tu sais faire !

Je m'immerge et tente d'avancer le plus rapidement possible. Vous avez déjà nagé avec des pierres à la place des pieds, en laissant vos jambes tomber au fond de l'eau ? Difficile de conserver sa prestance. Il me manque de la technique. Je ne sais pas du tout comment poser mes appuis.

– Bon. Alors avant d'être champion paralympique, on va avoir un gros travail technique ! me tance gentiment Anne.

La douche froide. Moi qui me pensais bon nageur ! Une fois de plus, je ravale mon arrogance et me résous à tout recommencer depuis le début. Anne m'avouera des années plus tard que la perspective des J.O. lui semblait alors inaccessible. Quant à mon attitude, elle a eu la bonté de ne pas la juger négativement, bien qu'ayant été alertée de mon profil disons atypique par certains de ses collègues.

Dans un premier temps, je nage une fois par semaine, pour me familiariser avec ces nouvelles façons de propulser mon corps dans l'eau. Mes rapports avec Anne sont d'abord un peu tendus mais c'est ma faute. Sur le coup, je ne m'en rends pas compte mais je suis tellement dans le contrôle que je lui demande de justifier tous ses choix d'exercices. Anne me fait essentiellement travailler sur l'amplitude et l'allongement des mouvements. Parfois, je ne suis pas d'accord et m'échine plutôt à essayer d'avancer vite. Un matin, elle me met au défi de nager « à ma manière » puis avec sa méthode. Le chrono fait loi, il est sans appel. Sa technique est bien plus efficace : j'avance plus vite en me fatiguant moins. Je décide de me laisser aller à plus de confiance. De toute façon, je n'ai pas trop le choix : je sens poindre chez ma coach de l'énervement. Si je souhaite continuer à bénéficier de ses conseils, il faut absolument que j'arrête de la questionner.

L'ambiance de ce petit club de natation est excellente et les interactions sociales me nourrissent. Je côtoie des amputés, des handicapés de naissance, des accidentés, des valides. Nous sommes quatre ou cinq très jeunes. Tout le monde est habitué à se fréquenter en bonne intelligence et en toute bienveillance. J'ignore alors que j'évolue dans un microcosme privilégié qui va bientôt entrer en collision avec la réalité du terrain.

Vers le mois de mars 2011, j'intensifie mon entraînement : les lundi, mercredi et vendredi soir, plus le samedi midi. Je progresse rapidement. Je nage surtout le crawl et me découvre des facilités en papillon. Toute la musculation engrangée pendant ma rééducation, et en particulier celle des abdominaux, n'a pas été vaine. Je développe aussi cette arme secrète que j'ai déjà utilisée lors de ma rééducation des jambes : la visualisation mentale. Je m'imagine un objectif : moi en train de remporter une course. Je choisis méticuleusement un moment calme, au réveil ou juste avant une sieste, pour m'entraîner, car il s'agit vraiment d'accoutumer mon cerveau à ces exercices. Je plonge dans un état de relaxation intense qui s'assimile à de la méditation ; d'autres diront plutôt de l'autohypnose. Mon focus intérieur est centré sur moi en pleine action. Je me vois et me ressens en train de faire : je perçois les bruits environnant ma scène imaginaire, je peux en décrire les couleurs. Et je recherche la sensation qui advient au moment précis où j'accomplis les choses. Cette expertise développée sans tambour ni trompette m'amène à vivre quelques moments assez cocasses. Constatant mes progrès et ma motivation, le ROC se met en tête d'accompagner mon évolution grâce à une préparatrice mentale chevronnée qui s'est occupée de grands champions. Ils supposent assez logiquement que travailler sur le traumatisme de mon accident me donnera encore plus de liberté et de puissance. La spécialiste me questionne une première fois sur cet événement et ses suites. Elle recommence à la deuxième séance, puis à la troisième. À raison de deux fois par semaine, je la vois tenter d'exhumer des souffrances et des refoulements supposés. Je joue vraiment le jeu mais je ne trouve pas grand-chose à lui raconter. Et son obsession commence à m'ennuyer. Je le lui fais remarquer.

La préparatrice mentale esquisse un sourire embarrassé.

– J'essaie de creuser, monsieur Allétru. Mais c'est très étonnant : vous n'êtes pas passé par les phases classiques qu'on peut connaître après un accident. Je n'ai rencontré dans ma vie que deux champions comme vous : David Douillet et Tony Estanguet. Vous n'avez pas besoin de préparation mentale, vous mettez naturellement en place les techniques, sans en connaître les noms exacts.

S'ensuit une curieuse discussion où cette honnête femme en conclut qu'elle va arrêter les séances avec moi car mon club de natation paie 800 euros par mois… pour rien.

Dans la piscine, en revanche, l'entraînement n'est pas vain : je me spécialise sur de petites distances, plus accessibles pour un novice qui manque encore de résistance. Je me renseigne sur les techniques de nage, les minima des qualifications pour les diverses compétitions professionnelles. Comme toujours quand je m'empare d'un sujet, je fouille, je creuse, je deviens spécialiste. Je m'entraîne sans relâche pour trouver un moyen de « plonger » assis depuis le plot, pour gagner du temps, car partir dans l'eau me retarde trop. À cette période, comme j'ai beaucoup progressé sur le plan de la rééducation des jambes, je passe en hôpital de jour : je ne viens plus au centre que la journée. Le soir, je rentre chez mes parents. Je fréquente alors de nouveaux patients dont quelques-uns très inspirants, comme Franck. Il s'est jeté du troisième étage, un soir de grande ivresse. Il est devenu tétraplégique incomplet. Le terme est étrange mais cela signifie qu'une sensibilité et une certaine motricité volontaire persistent, malgré son handicap. Franck semble vivre « normalement », se montre très dynamique, mène une vie à cent à l'heure et développe ses talents d'entrepreneur. Il me donne envie de lui ressembler, y compris en natation – il fait partie du club et participe déjà à quelques compétitions. Je me rends compte chaque fois combien ce genre de modèle m'est utile pour progresser. Ces anges gardiens qui croisent ma route me donnent des points de repère déterminants dans cette forêt touffue qu'est le handicap. Ils me donnent de la force pour avancer, aussi. Les championnats de France de natation se déroulent dans deux mois. Et si j'y participais ?

Vous me prenez pour un fou ? Au contraire ! Qu'est-ce que je risque ? De ne pas être qualifié ; rien d'autre. Si je me souciais avant tout du regard des autres, il est certain que je n'aurais pas cet état d'esprit. Je veux continuer à aller de l'avant et je ne suis pas à l'abri d'une bonne surprise, car dans cette piscine je commence à rattraper des nageurs bien plus aguerris que moi. Mes parents considèrent mes rêves olympiques avec beaucoup de bienveillance. Comme aime le déclarer mon père, « C'est bien, les idées de fous ! ». De son côté, Anne constate rapidement que je fais partie de ce petit pourcentage de patients qui tient ses engagements quand il nourrit des objectifs élevés. Ce qui pouvait passer pour de l'arrogance à ses yeux se transforme en détermination. Nous fonctionnons vite, chacun de notre côté, et c'est ce qui nous permet de nouer une relation de confiance à toute épreuve : de mon côté, je comprends immédiatement ses consignes et les applique à la lettre. De son côté, Anne, fine psychologue, saisit rapidement que mon extraversion professionnelle est le pendant de mon introversion personnelle. Je m'exprime très peu sur mes états d'âme. Mais elle sait ce que je ressens puisqu'elle côtoie des patients très abîmés depuis de nombreuses années. Et même si elle ne m'en parle jamais, elle est aussi consciente que j'ai besoin de briller dans le sport pour continuer à penser que je vaux quelque chose.

Au vu de mes progrès, ma coach consent à m'inscrire pour les qualifications régionales des championnats de France en 50 mètres papillon, 50 mètres crawl et 100 mètres crawl. Je ressens à nouveau poindre l'excitation en m'imaginant sur le podium. Serait-il donc à nouveau possible de vibrer ?

J'ai rendez-vous à Marcq-en-Barœul pour les qualifications aux championnats de France. Comme nous sommes peu nombreux dans la région à pratiquer la natation à un haut niveau, personnes valides et invalides se mélangent. Ce jour-là, comme toujours, mes parents sont présents. Infiniment fidèles. Je ne ressens pas de pression. Contrairement aux compétitions de motocross où on ne peut jamais deviner quel sera le niveau des concurrents ni dans quel état se trouvera le terrain, la natation offre un certain nombre de garanties : à quelques paramètres près, un bassin reste un bassin et les minima, des minima. Donc je sais que cela va bien se passer. C'est quasiment mathématique. Anne me rappelle que l'objectif de ces toutes premières courses dans l'eau n'est pas de faire un podium mais de respecter les temps dont nous nous sommes parlé. Je m'exécute. Je tiens les chronos comme un métronome. Et je termine deuxième des qualifications, devant des valides. Gratifiant et surtout rassurant. Anne prend vraiment conscience ce jour-là que je ne suis pas là pour plaisanter.

Fin juin 2011. En route pour les championnats de France à Montélimar ! État d'esprit : c'est la compétition de ma vie ! La seule qui puisse me prouver, à moi et au monde entier, que je peux redevenir un sportif de haut niveau et m'engager dans une carrière au long cours. Il ne s'agit donc pas seulement de participer mais de performer. Soyons clairs : je veux une médaille !

C'est aussi mon tout premier déplacement avec le club, en tant qu'athlète handisport. Nous sommes trois ou quatre nageurs et deux entraîneurs. Une toute petite équipe mais une équipe quand même et j'adore ça ! Car derrière mes lubies de chrono se dissimule l'envie viscérale de renouer avec ce quotidien-là, son émulation collective et à court terme, les compétitions internationales et les déplacements à l'étranger. Enfin, pour le moment, on se limite à Montélimar et c'est déjà une expédition : nous prenons le TGV et je découvre à quel point accueillir décemment des personnes en situation de handicap dans les transports est complexe ! C'est déjà le bazar quand vous cherchez simplement à ranger vos valises, alors imaginez lorsque trois fauteuils roulants doivent rentrer dans le wagon !

Mes parents et Margaux m'accompagnent. Une fois sur place, petit choc. Moi qui ai été habitué à des stades bondés, des fans et des médias, je me retrouve invalide, au milieu de personnes en situation de handicap, avec peu de monde et aucune ferveur. « Bon sang, ça va être ça, ma vie, maintenant ? » Ne vous méprenez pas : je n'ai aucun dédain pour les athlètes handisport, bien au contraire. J'en suis moi-même un. Mais en forçant le trait, c'est un peu comme si vous annonciez à un acteur de blockbuster qu'il va désormais jouer dans une série Z. Il faut un petit temps d'adaptation. Alors je m'accroche à mon rêve de Jeux olympiques.

La veille des championnats de France, je m'apprête à « tester » le bassin extérieur. L'entraîneur de l'équipe de France est là. Il m'a repéré depuis un moment et demande à me rencontrer. Je refuse, ce qui stupéfie ma coach.

– C'est le patron de l'équipe de France ! Comment tu peux dire *non* ? Tu vas te faire afficher.

– Je n'ai rien contre lui. C'est simplement que ce n'est pas le moment. Là, je m'entraîne. Demain, je fais la course. Je ne veux être parasité par rien. On verra après.

Rester « focus », coûte que coûte ! Ma coach peine à avaler sa salive.

Le lendemain matin, je passe les séries en 50 mètres papillon, ces phases qualificatives qui déterminent notre ligne d'eau pour la finale. Je réalise le troisième meilleur temps : la garantie d'accéder à un de mes couloirs préférés, le 4 ou le 5. J'aurai une vue directe sur mes concurrents les plus sérieux, situés tout proches de moi. Puisque je fais partie des plus rapides, je pourrai « casser la vague » plutôt que de la subir : mes mouvements feront partie des premiers qui impulseront les fluctuations du bassin.

Pour la finale, l'après-midi, je rentre dans ma bulle. Ultra-concentré. Je réussis un bon départ, mais ma condition physique reste aléatoire. Je manque clairement de « caisse ». Plus j'avance, plus je force ; je suis sur le point de craquer. Je m'accroche pour me maintenir coûte que coûte dans les trois premiers. Je termine à l'agonie. Je sors la tête de l'eau, avide de découvrir le panneau d'affichage. « Axel Allétru : troisième. » Je suis médaille de bronze ! Je croise le regard d'Anne, folle de joie. Elle se précipite vers moi et me tape dans la main. Je ne peux pas m'empêcher de lui lancer :

– Je t'avais bien dit que ce serait le début de quelque chose de grand !

Je suis tellement heureux ! En quelques secondes, tout mon avenir vient de se dégager. Cette médaille a une saveur très particulière. Je repense à mon accident. Je me revois par terre, en souffrance. Un an auparavant, j'étais couché sur ce terrain de motocross en Lettonie, attendant les secours. Ce qui m'arrive maintenant est tellement inespéré.

Mais l'histoire ne s'arrête pas là.

Le lendemain, c'est le 50 mètres nage libre ; du crawl, pour moi. Je me qualifie pour la finale. Contrairement à la veille, je n'ai aucune prétention de podium. Mes chronos ne me le permettent pas. Mais comme je ne lâche jamais rien, j'ai l'intention d'améliorer mes propres temps. À nouveau dans ma bulle, je plonge au coup de sifflet. Première coulée. Je sors de l'eau. Un moulinet de bras, un deuxième, un troisi… Mon épaule se déboîte ! Elle est bloquée en l'air ! Je hurle de douleur comme jamais. Pire que lorsque ma colonne vertébrale s'est disloquée ! Je vous laisse imaginer la scène : un paralysé dans l'eau, avec une épaule déboîtée et l'autre main qui maintient l'épaule blessée, le tout en criant et en buvant la tasse ! Je ne sais pas comment me sortir de là. Anne, qui connaît mes antécédents médicaux, comprend tout de suite ce qu'il se passe. Elle n'a qu'une crainte : que des officiels se mettent en tête de me sortir de l'eau en me tirant par le bras.

– Ne le touchez pas ! Il a une épaule déboîtée ! vocifère-t-elle sur le juge-arbitre.

Elle saute dans la piscine et me sort de là en me prenant par le tronc. J'entends mon père crier à son tour. Il exige qu'Anne remette mon épaule en place tout de suite, comme les kinés le font souvent en motocross. Ma coach refuse catégoriquement. On n'a pas droit à l'erreur : je suis déjà paraplégique, alors si en plus je ne peux plus me servir de mes bras pour utiliser mes béquilles, c'est la catastrophe ! Tous deux se disputent sur le bord de la piscine alors qu'Anne maintient sans relâche mon épaule en position haute pour légèrement diminuer la douleur. Les pompiers arrivent et proposent de prendre le relais. Je hurle de plus belle. Je ne veux pas qu'Anne me lâche. Dans le camion, elle reste à mes côtés.

À l'hôpital, mon père m'engueule. « Tu ne t'es pas assez bien échauffé ! » Anne intervient derechef et lui explique fermement que si, je me suis très bien échauffé et qu'elle est bien placée pour le savoir, vu qu'elle était présente et supervisait mes exercices. Je peux compter sur elle. Vraiment. Et à ce moment-là, elle n'imagine pas à quel point son soutien me soulage.

On m'anesthésie ensuite totalement pour que la remise de mon épaule soit optimale, sans pincer aucun nerf : une perte d'amplitude pourrait compromettre mon avenir en natation, sans parler de mon autonomie au quotidien. Alors, stop ou encore ? Compétitions en vue ou abandon ? Énième rééducation sur épaule fragilisée ou opération radicale avec risques connexes ? Je cogite un peu. J'ai vraiment toutes mes chances en natation. J'opte donc rapidement pour la solution de l'opération. Mon épaule, trop malmenée depuis plusieurs années, a besoin d'être stabilisée une bonne fois pour toutes. Le docteur Pétrov, le chirurgien qui s'est déjà occupé des ligaments de mon genou, réalise ce qu'on appelle une intervention de Bankart : les différents éléments capsulaires et ligamentaires de mon épaule sont réinsérés et retendus sur l'os, au moyen de plusieurs ancres.

Nous sommes le 27 juin 2011. Un an jour pour jour après mon accident en Lettonie, me voici à nouveau blessé. En fauteuil. Avec en plus le bras en écharpe !

Vous avez déjà eu un bras immobilisé ? Alors imaginez la même chose mais avec des jambes inertes. Essayez d'enfiler un pantalon ou vos baskets rien qu'avec une main ! Tentez de faire rouler un fauteuil ! Heureusement, c'est l'été, période creuse pour les activités sportives professionnelles, donc je ne loupe rien de crucial. Je passe mes vacances en famille, en Vendée. Et même si Anne m'a préparé un entraînement sur mesure, sans engagement de l'épaule, je trouve le temps long. Je n'en ai pas le droit mais je finis par me baigner avec mon bras en attelle. Après tout, apprendre à nager avec un seul membre supérieur sera toujours mieux que rien. Je m'essaie aussi aux culbutes, ces demi-tours immergés qui permettent de faire gagner un temps fou en compétition. C'est très dur : je n'ai aucune sensibilité dans les pieds. Ils se positionnent d'abord n'importe comment lorsque je m'approche du bord. Ils se tordent dans tous les sens. J'apprends, j'expérimente, je regarde des tutoriels, je me trompe, je recommence. Et, à la fin de l'été, j'y arrive. Quand je reprends ma rééducation au centre en septembre, plus axée cette fois sur mon épaule, Anne peut apprécier mes progrès. Et fort heureusement, j'ai très peu perdu en masse musculaire.

Nous avons cinq ans pour préparer les J.O. Notre planning, ambitieux, se met en place. Je recommence par le crawl, moins traumatique pour les articulations.

J'intensifie peu à peu les entraînements. D'abord quatre jours, puis cinq par semaine. Je me lève régulièrement à 5 heures du matin, par – 2 °C en hiver, je suis dans l'eau de 6 à 8 heures au Ronchin Club où je gèle. Et le soir, je renage deux heures dans une autre piscine. Le plaisir ? Absent. Il n'y en a vraiment aucun. Je vous mets d'ailleurs au défi de trouver un nageur qui vous dise le contraire. L'entraînement est fastidieux et on est immensément seul. Quand vous évoluez au club des nageurs de Marseille, par exemple, là où de grands champions comme Florent Manaudou se sont entraînés, vous êtes plusieurs dans le bassin. Entre les longueurs, on discute, on échange, on se stimule ; la communication vous sauve. Là, je suis seul avec ma coach. Contrairement aux sports comme le motocross où la motivation est intrinsèque – j'éprouve du plaisir en pratiquant la discipline même –, celle de la natation est extrinsèque : c'est le défi de gagner des compétitions qui me galvanise. Vais-je tenir cinq ans à ce rythme ? Pas sûr. Car il n'est pas seulement question d'ennui mais de fatigue physique. À mes heures dans l'eau s'ajoutent des séances de kiné, de musculation. Et comme je suis paraplégique, mes bras ne sont jamais au repos, même après l'entraînement. Ils sont mes seuls outils pour me mouvoir, me hisser, faire rouler mon fauteuil. À 20 heures, je termine ma journée complètement épuisé ! Heureusement que l'énergie des autres m'aide quand l'envie de m'entraîner se met à vaciller : un deuxième entraîneur, Romain, vient assister puis suppléer Anne en cas d'absence. Je noue un partenariat avec le CREPS, le Centre de ressources, d'expertise et de performance sportive, situé à quelques minutes de chez moi, pour profiter de leurs infrastructures. Autant de moyens supplémentaires pour m'entraîner. La région nous octroie quelques subsides et je bénéficie d'un statut d'athlète de haut niveau qui me permet d'obtenir une bourse.

Mes ailes se redéploient, doucement. Ma vie personnelle, quant à elle, connaît quelques soubresauts qui me questionnent beaucoup. Avec Margaux, nous nous séparons. Depuis mon accident, j'ai tendance à tout relativiser, ce qui peut créer un décalage avec la perception des autres. Je ne comprends pas qu'on s'appesantisse sur des problèmes qui ne me semblent pas en être ou qu'on boude sans tenter de trouver une issue. Je découvre en même temps la culpabilité. Car si je me sens m'éloigner de certains proches, j'éprouve néanmoins de la gratitude à leur égard et me sens redevable de leur constance et de leur fidélité.

Plus tard, j'emménage dans mon premier appartement, un espace adapté à mon handicap, à Lille. Les aides au logement me sont précieuses, puisque je dispose de peu de ressources. Pour ce qui est de me donner un coup de main financier, mes parents bottent en touche. Pas par manque de moyens mais par choix éducatif. Cela peut sembler sévère mais j'ai été élevé comme ça : autant ils ont fait beaucoup de sacrifices personnels et financiers indirects en m'accompagnant toute mon enfance dans les compétitions, autant il n'a jamais été question de me prêter un centime, une fois adulte. J'en ai pris mon parti.

À part cela, tout va bien. Vous avez déjà connu ces moments où on a l'impression qu'il suffit de surfer sur la vague qui s'approche, sans aucune contrainte ? Je suis dans cette phase. Aux championnats de France à Angoulême en 2012, je remporte la médaille d'argent en 400 mètres nage libre et en 50 mètres crawl. J'intègre l'équipe de France de natation l'année suivante. Un prérequis pour les J.O. que je conserve en ligne de mire. Comme je dois gagner ma vie, je commence à chercher des sponsors. Une marque spécialisée dans les maillots de bain a l'air intéressée. Ses dirigeants me fixent rendez-vous à Hendaye, au Pays basque, à leur siège social. L'enseigne est prestigieuse : elle compte dans ses rangs des nageurs comme Fabien Gilot, médaillé d'or aux J.O. de Londres en 2012 ou Virginie Dedieu, multichampionne du monde de natation synchronisée. Je me sens tout petit. Comment gagner en prestige en un temps record, pour qu'ils me proposent un contrat digne de ce nom ? Je suggère à une copine, Émilie, qui tient une agence de presse, de se faire passer pour mon agent. Entre-temps, la marque commet l'erreur de nous envoyer par mail un contrat type qui est en réalité celui d'un célèbre nageur. Ils ont oublié d'effacer l'identité et le montant qui est de 50 000 euros. Ce sera une excellente base de discussion ! Je préviens Émilie : « Je veux la même chose que les valides. » À la suite d'âpres discussions, on me propose un montant un peu moindre mais très confortable, pour une durée de trois ans. Je deviens ambassadeur et partenaire technique de la marque. Je n'en reviens pas : je travaille dans la même équipe qu'une légende comme Fabien Gilot !

J'intègre par ailleurs la *team* de la Caisse d'épargne et d'autres sponsors m'approchent. Comme je commence à toucher de l'argent et que mon père est entrepreneur, je le consulte. Dois-je m'orienter vers une autoentreprise, une SARL ou autre chose ? Réponse implacable : « Le meilleur conseil que je puisse te donner, c'est de ne pas t'en donner. Apprends par toi-même. Apprends à apprendre. Comme je l'ai fait. » Quand on a vingt-trois ans et qu'on n'y connaît absolument rien, c'est difficile à entendre. Je saurai plus tard que mes parents ont eu des discussions houleuses à ce sujet. Ma mère trouvait mon père beaucoup trop dur, elle était parfois choquée de ses réactions, notamment quand il refusait de m'aider pour changer une des roues de mon fauteuil roulant ! Mon père, lui, s'arc-boutait sur une réflexion mûrie de longue date : quand j'étais petit, il m'avait prétendument donné beaucoup de conseils et déplorait que je n'aie, de ce fait, pas développé une maturité suffisante. Sa philosophie de vie, validée par une citation de Charles Perrault, était donc de ne plus m'aider autrement qu'en m'apportant tout son amour : « Trop de bonté dans les parents cause la perte des enfants. » Pas le choix : il a fallu que je me débrouille. J'ai questionné des comptables, effectué des recherches sur Internet. J'ai appris à tout faire seul et je dois bien avouer que cela a eu du bon : il n'est pas rare aujourd'hui que je constate qu'à activité à peu près égale certains collègues font appel à huit, neuf, dix personnes pour les épauler dans leurs projets, alors que je suis seul.

Me voici donc autonome juridiquement, financièrement, et pour le spécimen très indépendant que je suis, cela a du sens. Mon esprit se libère d'un poids et je peux désormais m'entraîner sans m'angoisser quand la fin du mois survient. Conséquence : je performe comme jamais. Deux médailles d'or et deux d'argent aux championnats de France de Strasbourg en 2012, deux médailles d'or et une de bronze à Amiens en 2013, deux médailles d'or et deux d'argent à Hyères la même année avec un record de France en 50 mètres nage libre. En 2014 à Aix-en-Provence, deux médailles d'or, deux d'argent et encore un record de France en 50 mètres papillon. Pas si mal, pour un type qui nageait comme une enclume deux ans auparavant. Et c'est formidable pour le petit club du Ronchin qui, fort des 3 000 euros de prime par médaille d'or, commence à renflouer ses caisses. Nous participons à quelques compétitions à l'étranger, organisons des stages, voyageons dans de beaux hôtels, côtoyons les meilleurs nageurs comme Florent Manaudou.

J'intègre l'équipe de France de natation handisport, environ deux ans après avoir commencé cette discipline. D'après Anne, si cela a mis autant de temps, c'est à cause de mon attitude qui en a hérissé plus d'un. Mener sa carrière comme on l'entend n'est pas forcément bien vu par les entraîneurs nationaux, dans ce milieu. Ils ont plusieurs fois tenté de me faire quitter le ROC pour rejoindre des clubs d'entraînement plus prestigieux. Mais j'ai toujours refusé de me séparer d'Anne. Non seulement c'est avec elle que je suis arrivé au sommet mais en plus elle est kiné et a toujours adapté son entraînement à ma condition physique particulière. Les entraîneurs nationaux, eux, aspiraient à me faire avaler bien plus de kilomètres dans les bassins ! Anne se sentait mal à l'aise : d'un côté, elle voulait le meilleur pour moi mais, de l'autre, elle souhaitait me préserver d'un nouvel accident. Un jour, je lui ai dit : « Je me fiche de ce que les autres pensent. Je te fais confiance et j'avance avec toi. Viendra un jour où mes chronos mettront tout le monde d'accord : ils n'auront pas d'autre choix que de m'intégrer à l'équipe de France. » C'est exactement ce qu'il s'est passé.

Changement d'ambiance aux championnats d'Europe en 2014, à Eindhoven, aux Pays-Bas. L'antichambre des Jeux olympiques puisque des nageurs du monde entier y participent. Anne ne peut pas me suivre. Seuls sont habilités les entraîneurs de l'équipe de France auxquels je suis moins habitué. On compte un seul kiné pour douze nageurs, on ne nous distribue qu'un tee-shirt aux couleurs de la France pour les dix jours sur place ; bref, tout cela manque sérieusement de moyens. Je commence par passer les séries en crawl. Je termine cinquième ; je ne m'attendais pas à mieux. Moi, cette année-là, je viens pour le papillon puisque je figure parmi les meilleurs du monde.

Mais cela ne suffit pas toujours.

ESSAYER LA RÉCUPÉRATION ACTIVE pour se reposer en un minimum de temps

Les séances éclair avec une préparatrice mentale m'ont permis d'acquérir quelques bases concernant la récupération active. Elle m'a appris l'art de la sieste. Ressentir le poids de mon corps et me concentrer intensément dessus me permet de partir dans un état de conscience modifié pendant quinze petites minutes salvatrices que j'ai peu à peu appris à optimiser en y mêlant de la visualisation mentale. Je profite de cette intense détente pour passer en revue les images qui me motivent et ensuite je me laisse glisser dans un sommeil léger. Ainsi, je consolide dans ma mémoire les agréables sensations ressenties en m'imaginant en train d'agir et je me repose. Deux en un !

Je suis un homme très actif mais aussi un ardent défenseur de la sieste. J'essaie d'en faire une tous les jours. Elle devrait faire partie du quotidien de chacun d'entre nous. Nous souffrons encore dans notre pays d'une image de fainéant lorsqu'on s'éclipse après le déjeuner pour somnoler. Or, c'est tout le contraire ! Quinze ou vingt minutes de sieste permettent de remettre les compteurs à zéro et d'aborder le reste de la journée avec plus d'énergie et de clairvoyance.

Essayez la microsieste ! Assis le dos calé contre un dossier, vous fermez les yeux et vous vous concentrez sur votre respiration, en essayant de vous focaliser sur le bruit de votre souffle, sur l'air qui entre et qui sort de vos narines, sur la fraîcheur à l'inspiration, la chaleur à l'expiration. Lorsque votre tête tombe en avant, c'est le moment de reprendre vos esprits. Le signe que vous avez récupéré et lâché prise quelques secondes. Les navigateurs en solitaire utilisent cette technique puisqu'ils peuvent rarement dormir pour de bon. Une variante existe en tenant un trousseau de clés ; lorsqu'il chute, vous vous réveillez et c'est le signe que vous avez récupéré.

REPÉRER SI NOTRE MOTIVATION EST INTRINSÈQUE OU EXTRINSÈQUE
Un bon moyen de ne pas se tromper dans nos objectifs de vie

Repérer ce qui vous motive profondément ou motive vos enfants va énormément vous apporter. Vous allez gagner du temps, éviter certaines erreurs et, s'il s'agit de votre progéniture, vous allez lui épargner bien des frustrations et des incompréhensions.

Notre motivation est soit intrinsèque, soit extrinsèque ; plus rarement les deux. Et si vous avez les deux, il y a souvent un moment où l'une prend le pas sur l'autre. Vous êtes animé d'une motivation intrinsèque si c'est la pratique même d'un sport, d'un art ou d'un métier, qui vous séduit. Se dépasser, faire un beau revers au tennis, dessiner, écrire...

Vous êtes mû par une motivation extrinsèque si vous êtes par exemple animé par les à-côtés d'une activité : décrocher une médaille plus que nager, ressentir la ferveur liée aux J.O. plus que faire le 100 mètres, toucher votre salaire en fin de mois plus que travailler.

Si on ne repère pas quelle est notre motivation dominante, il est plus difficile de faire des choix et cela peut même mener à des déconvenues. J'ai en tête l'exemple d'un petit garçon très fort en ping-pong. Ses entraîneurs le poussaient à participer à des compétitions, car il représentait une véritable force pour le club. Le garçon a obtempéré et au bout de quelques matchs il a commencé à avoir mal au ventre et à ne plus vouloir participer aux tournois. Ce qu'il aimait, lui, c'était jouer au ping-pong, être avec ses amis. Chercher coûte que coûte la victoire et rapporter des médailles n'avait pas de sens pour lui et générait du stress, d'autant que les attentes des adultes n'étaient pas en phase avec les siennes. Ses parents l'ont compris et ils ne lui ont rien imposé. Aujourd'hui, ce petit garçon continue de jouer au ping-pong avec ferveur, sans pour autant faire de compétitions.

Coup de théâtre

Je sors de l'eau et me prépare à rejoindre les vestiaires avant les prochaines qualifications en papillon, lorsqu'on vient m'annoncer que je suis convoqué. On m'explique qu'une réclamation a été déposée par une fédération adverse et qu'elle a été validée par l'IPC, l'International Paralympic Community, l'équivalent du Comité olympique, mais pour les personnes en situation de handicap. On m'enjoint de repasser ma classification immédiatement. La classification, c'est ce qui nous catégorise en termes de handicap ; elle permet d'éviter de confronter des nageurs faiblement atteints à d'autres aux déficiences plus marquées. Les commissions qui nous évaluent sont composées de coaches en natation et de kinésithérapeutes. On nous jauge d'abord à sec, selon des mesures objectives et internationales : test de motricité, de sensibilité… Puis dans l'eau, de façon forcément plus subjective puisque seuls les yeux des évaluateurs font foi. Et on ressort avec une classification qui va de S1 à S15 (« S » pour *swimming*). De 1 à 10, le handicap passe de « sévère » à « majeur », puis à « léger ». S1 : l'ensemble du corps est atteint. S10 : on peut n'avoir qu'un problème de pied, par exemple. De S10 à S15, on aborde les cécités et les problèmes d'audition. J'ai été classifié S7 à deux reprises : atteinte légère des membres supérieurs et du tronc et sévère des membres inférieurs. La première fois par une commission nationale quand j'ai concouru pour les championnats de France, et la deuxième par une commission internationale lorsque je me suis attaqué aux défis de plus grande envergure. Il faut bien comprendre qu'entre deux catégories le fossé des aptitudes peut être gigantesque. Qu'on m'oblige à repasser ma classification alors que nous avons déjà commencé les séries s'avère complètement inédit ! En quelques secondes, je flaire le traquenard. Un souvenir me revient. En 2013, aux championnats de France d'Aix-en-Provence, une réclamation avait déjà été déposée par une fédération quant à ma classification. L'IPC avait retoqué la demande puisque j'avais été très récemment évalué. L'histoire semble se répéter.

Me voilà donc face à des classificateurs internationaux. Je suis allongé sur la table de kiné, et eux évaluent, comme il est d'usage, la moindre de mes articulations, l'amplitude de mes mouvements, ils mesurent la force de chaque groupe musculaire. L'un des responsables de l'équipe de France qui m'accompagne ne parle pas un mot d'anglais. Je lui traduis. Je monte sévèrement en pression parce qu'on me prête des capacités physiques que je n'ai pas. Un immense sentiment d'injustice s'empare de moi. Les examinateurs me font ensuite nager. À midi, ils m'assignent la catégorie S8, soit un « handicap sévère des membres inférieurs », si je me fie à la définition du site de la Fédération française handisport, sans tenir compte de mon importante lésion dorsale. Je vais donc me retrouver avec des nageurs bien plus alertes qui campent sur leurs deux jambes et possèdent des capacités de propulsion qui n'ont aucun rapport avec les miennes.

On me tend le bilan que je suis contraint de signer, sans quoi je ne peux pas continuer la compétition. Je suis hors de moi ! J'arrache le papier, jette le stylo par terre. Accepter une défaite face à un adversaire plus performant ne me pose pas de problème : je sais être bon perdant. Mais me sentir victime de ce que je considère comme une injustice est insupportable ! Dans l'histoire de la natation handisport, je ne suis pas le seul à connaître ce genre de bouleversement. Théo Curin, le nageur lorrain amputé des deux bras, a récemment expérimenté les effets d'une reclassification. Il visait les J.O. de Paris 2024 et a dû y renoncer car trois autres athlètes ont été reclassifiés dans sa catégorie alors qu'ils disposaient de leurs deux mains. Nul besoin d'être médecin pour comprendre que ce n'est pas équitable.

Je quitte la salle, ivre de rage, et vais chercher un peu de réconfort auprès de mes parents dans le hall. Je m'effondre en larmes. Une des premières fois de ma vie. Moi qui tempère toujours mes émotions, bonnes ou mauvaises, je me laisse submerger. J'appelle Anne, ma coach. Pour elle aussi, ce débordement d'émotions est une vraie nouveauté. Elle est abasourdie, se montre autant stupéfaite que moi, pour ne pas dire incrédule. Anne est novice en termes de compétitions internationales et c'est une personne intègre, dévouée. Tout cela est aux antipodes de sa façon de penser. Nous nous sommes tous les deux fait avoir comme des bleus ! Elle n'en revient pas. Je lui répète, comme un enfant qui ne sait plus à qui ni à quoi se raccrocher :

– Anne, c'est pas juste. C'est pas juste !

– Tu as raison : ce n'est pas juste. Je ne comprends pas. Mon métier, c'est de reconstruire des athlètes, jour après jour. Et là, ils te brisent à nouveau ! Comment c'est possible ?

Mes parents font tout ce qu'ils peuvent pour conserver leur calme, chacun dans son rôle habituel : ma mère est en pleine empathie ; elle est sous le choc. Mon père soutient un discours proactif : on va trouver une solution. Ils me consolent en m'expliquant que c'est parce que j'ai trop bien travaillé et que mon handicap n'est presque plus visible dans l'eau. Ils arguent que c'est une question de temps, que je pourrai sans doute me faire requalifier d'ici à six mois, un an. Inaudible ! C'est la claque de trop. Et il n'y a pas de solution. Contraint et forcé, je finis par signer le fichu papier, ne serait-ce que pour conserver la possibilité de faire appel un peu plus tard. Pour la suite des séries, je me vois contraint de disputer le 100 mètres papillon, une distance qui n'existe pas pour des S7 puisqu'elle est irréalisable. Ma distance, c'était le 50 mètres !

Je me retrouve au départ, à la ligne d'eau numéro 9 ; celle des chronos les moins bons. Une vidéo, presque risible, existe encore sur Internet. Tous mes concurrents sautillent en attendant le départ. Ils se frictionnent le corps, se penchent pour enlever l'eau résiduelle sur le revêtement antidérapant de leur plot. Sur le plan large du réalisateur, on ne m'aperçoit même pas encore et pour cause : je suis en train d'arriver en fauteuil roulant. Au signal, tous se mettent rapidement en place, prêts à s'élancer dans l'eau. Je bloque mon fauteuil et me hisse péniblement sur mon plot. Vingt-cinq secondes interminables s'écoulent avant que je puisse prendre ma position de départ, en équilibre instable. La suite est tout aussi cocasse. Les autres nageurs plongent et fusent. Il n'y a pas de secret : pouvoir se servir de ses jambes, même si on est handicapé d'un bras, donne un avantage considérable. J'arrive bon dernier. Les championnats européens s'arrêtent pour moi. Imaginez une seconde dans quel état d'esprit je me trouve. C'est un cataclysme dans mon cerveau ! Je suis purement et simplement dégoûté du sport.

Il me reste une carte à jouer : essayer de bénéficier d'une reclassification lors de la prochaine session d'examens, huit mois plus tard. Avant, il me faut convaincre la Fédération française handisport d'en formuler la demande. Si je prépare un dossier suffisamment solide, étayé par des avis scientifiques, peut-être fera-t-elle preuve d'un peu de compréhension ? De toute façon, soyons clair : je n'ai pas d'autre objectif, car viser des compétitions dans la catégorie S8 ne présente aucun intérêt. Autant se battre contre des moulins à vent. Avec Anne et le médecin référent de mon centre de rééducation qui a remplacé le docteur Khaled, je commence par une contre-expertise en bonne et due forme, selon un protocole référencé partout dans le monde. C'est aussi une façon de rassurer ma coach qui culpabilise depuis ma reclassification. Elle ne cesse de se demander si elle ne s'est pas trompée quelque part dans les mesures. Nos muscles sont cotés de 1 à 5. Assis sur une chaise, parvenir à contracter très légèrement le quadriceps correspond à la cotation 1. Si la jambe bouge légèrement, cotation 2. Si la jambe se tend, cotation 3, etc. Mon résultat correspond bien à la classification S7 et non à S8. J'ai dans l'idée de faire confirmer ce diagnostic par un organisme international. À cette période, je continue à honorer des stages de natation prévus de longue date, en France mais aussi à l'étranger. Chypre, l'Espagne et même les États-Unis. Là-bas, j'évolue pendant quinze jours dans un centre sportif et médical dernier cri. Je demande au chiropracteur de me tester. Il ne me connaît pas, n'éprouve aucun affect particulier. Son regard sera objectif. Il utilise des électrodes très performantes qui lui fournissent des informations extrêmement précises pour les golfeurs, par exemple, pour leur signifier quels muscles travaillent majoritairement et lesquels devraient être plus sollicités pour améliorer tel ou tel mouvement. Les résultats me concernant sont sans appel : j'ai beaucoup moins d'efficience musculaire que ce qui a été annoncé aux Pays-Bas et je suis bien S7.

Fort de ces résultats, j'insiste auprès de la Fédération française handisport qui consent à ma demande de reclassification internationale. L'examen a lieu à Berlin, en avril 2015. Je me soumets aux tests à sec. À la fin, je sors mon dossier et attire l'attention des examinateurs sur les résultats scientifiques. Croyez-le ou non, ils refusent d'y jeter ne serait-ce qu'un œil ! Il n'en reste pas moins qu'à la suite de ces premières évaluations, les examinateurs me requalifient S7 ! Ouf ! Verrais-je enfin le bout du tunnel ? Reste l'épreuve dans l'eau. Je reprends un peu confiance. Seulement voilà : dans l'eau, à force d'entraînement, je suis devenu très véloce. Comme le rappelle Anne, je suis « propulseur ». Mes ondulations en papillon semblent provenir de mes jambes alors qu'elles sont provoquées par le haut de mon corps. Mes demi-tours sont d'une efficacité redoutable. Feindre une nage moins performante ? Ce n'est pas dans mon intérêt ; il serait trop facile ensuite de me coincer lors des compétitions en m'accusant de mensonge. Hélas, mon honnêteté me coûte très cher : les examinateurs estiment que mes aptitudes aquatiques ne sont pas conformes à ce qui a été évalué sur la terre ferme. Trop valide pour les invalides ! Et à un point près, ils décident de me laisser en catégorie S8 !

Le coup de grâce. Mon rêve vient d'être anéanti.

Je ne reçois alors aucun soutien du monde de la natation ; au contraire, même. J'accorde une interview à France 3 Régions pour faire part de mes mésaventures mais suite à la diffusion du reportage, je subis tant de pression que je demande à ce que rien ne soit rediffusé sur YouTube. On m'affirme que mes propos risqueraient d'altérer l'image du handisport ! Des années plus tard, j'ai eu affaire à un ancien champion paralympique qui avait fait partie de mes concurrents. Il m'a aperçu debout, à l'issue d'une projection de film à laquelle nous étions tous les deux conviés. J'étais le plus possible sur mes deux jambes, ce jour-là, à cause des escarres. Il ne m'avait pas recroisé depuis dix ans. Il a fondu sur moi : « Ah ! Je savais bien que tu pouvais te mettre debout ! Je l'ai toujours su ! » Il s'est ensuite mis à chanter le refrain de la publicité « On se lève tous pour Danette ! ». Je n'en revenais pas. Je n'avais pourtant jamais caché à personne que je pouvais me mettre debout.

Les déflagrations de ma reclassification en S8 ont été immenses : Anne a décidé d'arrêter le handisport. Et moi, je ne voulais plus entendre parler de compétition en natation. Comment expliquer un tel retournement de situation à mes sponsors ? Ils croyaient en moi, me rémunéraient parce que je représentais une chance sérieuse de médaille ! Tout partait en fumée.

L'histoire aurait pu s'arrêter là, avec une bonne dépression à la clé. Vous expliquer d'où j'exhume chaque fois des ressources insoupçonnées est très compliqué. Mais c'est encore une fois ce qui est arrivé. Déjà, le fait de pouvoir compter sur le soutien invétéré de mes parents importe beaucoup. Ils le font à leur manière mais ils sont là. Mon père relativise tout. « Le sport de haut niveau, c'est maximum 25 % d'une vie et les J.O., c'est fait pour quoi ? Décrocher une médaille en chocolat ! » Ensuite, je crois que les épreuves accumulées me permettent d'affiner mon discernement sur les gens, sur les fédérations. J'apprends la vie, tout simplement. Me revient en tête un reportage que j'avais vu à la télé, avec des neuroscientifiques spécialistes de la créativité. À la demande « Citez-moi tous les moyens, même les moins réalistes, pour qu'un œuf tombe d'un immeuble sans se casser », des réponses plus farfelues les unes que les autres s'étaient succédé, à base de cigogne qui passait par là pour récupérer l'œuf en train de chuter ou de parachute en plume qui soutenait l'œuf. Jusqu'à l'une d'elles, qui m'avait particulièrement marqué : « Il suffit de ne pas jeter l'œuf. » Ou comment détourner les données de base pour imaginer autre chose. Le summum de la créativité ! C'est un peu ce qui s'est passé pour moi. Que faire quand on a tout essayé pour participer aux J.O. en natation et qu'on a échoué ? Changer de sport.

Je l'ai fait en passant du BMX au motocross, du motocross à la natation. Pourquoi ne pas poursuivre ? Je décide de me lancer dans le paratriathlon, toute nouvelle discipline prévue aux Jeux olympiques de Rio 2016 : sept cents mètres de natation, vingt kilomètres de vélo à bras et cinq kilomètres d'athlétisme en fauteuil. La natation, je la maîtrise. C'est déjà cela en moins ! J'entre en relation avec la Fédération française de triathlon, je m'entraîne dur et tout s'emballe très, très vite. Trois mois plus tard, à Cambrai, je décroche le titre de vice-champion de France ! Improbable, n'est-ce pas ? Un feu de paille, puisque quelque temps plus tard j'apprends que la fédération ne va finalement sélectionner qu'un seul athlète pour les Jeux, Ahmed Andaloussi, bien plus expérimenté et performant que moi. Je peux vraiment dire adieu à mon rêve olympique !

Je finis d'honorer tous mes contrats en natation par sens du devoir mais sans aucun enthousiasme. Ce cycle de cinq ans s'achève avec, dans ma besace, dix titres de champion de France de natation, cinq records de France, six titres européens et un titre de vice-champion de France de paratriathlon. Le tout à vingt-sept ans, sans plus aucun but dans la vie.

LÂCHER PRISE QUAND ON NE PEUT RIEN FAIRE et sans tarder !

Je lâche prise quand je ne peux pas changer le cours des événements. Et plus encore, si c'est possible, j'essaie de rendre l'expérience positive. Je ne dis pas que c'est simple et il me faut souvent lutter contre moi-même quand les événements prennent un tour décevant à mes yeux. Mais j'y suis toujours parvenu jusque-là.

Déjà, à six ans, lorsque je faisais du BMX, nos positions sur la grille de départ étaient attribuées au hasard et non selon un chrono. Et je « tombais toujours mal ». Trop à l'extérieur du parcours. Cela créait une difficulté supplémentaire. Que pouvais-je y faire ? Rien. Au lieu de me victimiser, j'en prenais mon parti : un défi supplémentaire à relever ! L'éducation de mes parents a été déterminante à cet égard. Mon père m'expliquait qu'il fallait jouer de stratégie, aborder la course autrement. L'inconvénient devenait une chance. C'est ce qui a façonné ma flexibilité mentale. Je suis devenu d'une adaptabilité à toute épreuve ! Et cela ne m'a effectivement pas empêché de devenir champion du monde. Quant à mes désillusions en natation, elles ont finalement généré un nouvel élan vers tout autre chose. Vous allez voir : il s'agit de défis encore plus grands !

Lâcher prise quand on n'a pas le pouvoir de changer le cours des événements, c'est un conseil applicable dans tous les domaines de la vie. Il n'y a pas si longtemps, à la suite de pluies diluviennes dans le Nord, une partie du plafond de ma maison s'est effondrée. J'aurais pu être hargneux envers les ouvriers qui avaient construit cette partie, ou vitupérer contre les aléas de la météo. J'avais franchement toutes les raisons d'être en colère : cet incident aurait pu blesser voire être fatal à l'un des membres de ma famille. Et allez faire des allers-retours pour éponger des inondations quand vous êtes handicapé ! J'ai préféré prendre cela avec le sourire. J'ai envoyé une photo du salon en piteux état à mes amis, accompagné du message « La journée commence bien ! ». Avec Charlotte, nous avons libéré notre esprit de tout parasite pour mieux nous concentrer sur ce que nous avions à faire. Et méthodiquement, nous avons remédié au problème.

DISSOCIER NOS ACTIONS DE QUI NOUS SOMMES
même si cela semble paradoxal

Je suis conscient du paradoxe inhérent au titre de ce conseil, pour moi qui suis sans cesse tourné vers l'action et la performance. Mais justement ! Certes, je mets tout en œuvre pour gagner. Et je supporte mal de ne pas être le premier. Cependant, depuis tout petit, j'apprends à faire la part des choses entre ce que je fais et qui je suis ; entre mes actions, mes résultats et la valeur que j'ai personnellement. Je ne me suis jamais réduit à ma position sur une grille de départ, ni même à mon palmarès. Et c'est en partie ce qui me permet de rebondir si vite après chaque échéance, qu'elle soit concluante ou non. Plusieurs circonstances extérieures peuvent contrecarrer mes projets à tout moment. Et quand bien même je serais responsable d'une contre-performance, qu'y puis-je ? J'analyse, j'apprends de mes erreurs, j'essaie de ne pas les réitérer et je vais de l'avant. Contre-performer, cela arrive. Cela ne fait pas pour autant de nous des êtres moins valeureux. Cette proactivité doublée d'une forme de bienveillance envers soi-même évite le stress inutile et la dévalorisation qui, elle-même, devient source d'anxiété et de contre-performance. Le philosophe Fabrice Midal a écrit un livre il y a quelques années qui s'appelait *Foutez-vous la paix !*. C'est un peu le même message. Ce que vous faites est important et constitutif de votre histoire. Mais vous n'êtes pas seulement ce que vous faites. Vous êtes bien plus et bien mieux !

Entrer en scène

Avant de changer complètement de braquet, je réfléchis encore un peu : je vais passer à côté des Jeux olympiques de 2016 à Rio. Mais serais-je prêt à m'engager dans un parcours sportif encore différent en vue des J.O. de Tokyo 2020 ? Cela signifie apprendre une nouvelle discipline de A à Z, en imaginant concurrencer des athlètes déjà très aguerris. J'ai beau vibrer pour les défis, cela me semble hors de portée en seulement quatre ans. Je me recentre sur des aptitudes que je possède déjà : glisse, trajectoire, freinage, gestion des obstacles… Qu'est-ce qui pourrait correspondre ? Je tape sur Internet « handicapé + conduire ». Je découvre que des véhicules existent avec des commandes au volant. Bonne nouvelle ! Je repère aussi du karting pour personnes invalides ! Des sélections sont prochainement organisées pour participer aux championnats de France Handikart. Je m'y rends les mains dans les poches, sans aucune pression. Je n'ai plus rien à perdre. Et je remporte ces sélections ! Vous vous attendez à ce que je vous raconte mes podiums et mes médailles ? Pas du tout ! Cet épisode de ma vie, d'une durée approximative de six mois, est loin d'être glorieux. Je commence à me blesser régulièrement, jusqu'à me casser les côtes. Malgré une protection en carbone qui fait partie de l'équipement de base du bon professionnel, la rigidité de mon dos, due aux plaques de métal insérées sous ma peau, me pose de gros problèmes. Mon manque de souplesse m'oblige à absorber les chocs des virages de façon très violente. Quand j'arrive aux championnats de France au Mans, je suis encore en convalescence. Mes côtes se ressoudent depuis trois semaines seulement (il en faut cinq à six pour les consolider). Lors des qualifications, je les recasse ! Je termine à l'infirmerie, sous médicaments à base d'opium tellement je souffre. C'en est fini du kart. Aussitôt arrivé, aussitôt reparti !

Ma nouvelle vie va devoir faire rimer l'adrénaline avec autre chose que la performance. Mais comment ? La première partie de la réponse porte le doux prénom de Charlotte. Depuis ma précédente séparation, je navigue d'une relation à une autre au gré de mes voyages, des compétitions et des applis de rencontres. Ces espaces, virtuels dans un premier temps, m'offrent un terrain d'expérimentation sans égal concernant le regard porté sur le handicap. Parfois, ma photo de profil me montre debout. Parfois, en fauteuil roulant. Je compare le nombre de prises de contact. À votre avis ? À l'aune de mes statistiques sur les applis, je peux certifier que j'ai beaucoup moins de chances d'intéresser qui que ce soit avec une photo de profil en fauteuil. Cette vérité m'est très personnelle car plusieurs de mes amis paraplégiques n'ont jamais eu aucun problème de séduction. L'un d'eux, Tom, faisait partie de mon club de natation. Il avait un tel bagou que personne ne résistait à son charme ! Avec Anne, ma coach, nous nous en amusions. De loin, dans les soirées, j'apercevais Tom engager la conversation avec une femme magnifique et valide. Je n'en croyais pas mes yeux. Il allait donc oser ? « Ouh là ! me rétorquait Anne. Tu ne sais pas de quoi Tom est capable ! Bien sûr, qu'il va oser ! » Et Tom repartait en compagnie de la jeune femme. Les réactions de mes interlocutrices quand j'arrive en fauteuil lors du premier rendez-vous sont variables et j'en tire aussi quelques avantages : dans les cas où je ne ressens aucune affinité, je prétexte une simple entorse et repars aussi vite que je suis arrivé, en veillant toujours à rester respectueux, bien sûr. Certaines jeunes femmes se montrent étonnées par mon handicap, d'autres écartent d'emblée toute possibilité de relation sans même m'en avertir ; d'autres encore me questionnent et dérivent sur mon parcours que je garde assez secret, pour ne pas influencer leur perception. J'ai même eu une relation avec une chirurgienne spécialisée en neurologie qui, par le passé, avait elle aussi vécu un épisode de paraplégie. Mais partager ce type d'histoire ne suffit pas à poser les bases d'une relation à long terme. Or, il n'y a que cela qui m'intéresse. Papillonner ne me correspond pas.

Un jour, pourtant, je scrolle un peu et m'arrête sur le profil de Charlotte. Blonde, trente ans, ravissante et solaire. Mais je suis bien placé pour savoir qu'on ne peut pas se fier aux photos ! À l'époque, Instagram ne s'est pas encore démocratisé et je n'ai pas de moyen de vérifier à quoi ressemble vraiment Charlotte. J'engage la conversation par écrit et le courant passe tout de suite. Elle travaille comme chargée de recrutement et a fait des études de psychologie dans le domaine des ressources humaines. J'omets volontairement de lui parler de mon handicap. Apparemment, elle a pas mal d'expérience (et de déconvenues) sur les réseaux et n'a pas l'intention de perdre son temps en palabres. Elle souhaite me rencontrer rapidement. J'aime bien cet état d'esprit. Sur un coup de tête (et aussi par facilité !), je lui propose de venir chez moi un midi, car mes rendez-vous se sont terminés plus tôt que prévu.

Quand je lance cette invitation plutôt audacieuse par téléphone, Charlotte est décontenancée mais se garde bien de me le signifier. Se rendre chez un quasi-inconnu comporte un certain nombre de risques. Elle accepte ma proposition mais prend le soin d'avertir un de ses collègues et de lui donner mon adresse. Lorsqu'elle sonne au portillon de ma maison qui est aussi celle de mes parents, je sors, parcours les quelques mètres qui me séparent d'elle et viens lui ouvrir en béquilles. Mais Charlotte ne le remarque même pas ! On dit que l'amour rend aveugle et je ne vois pas d'autres explications – mes attributs en métal ne sont pas particulièrement discrets. Elle m'avouera plus tard qu'elle a eu un vrai coup de foudre. Je fais ensuite le chemin inverse en sa compagnie pour rejoindre la maison. Et Charlotte ne remarque pas que je boite ! Elle passe devant moi pour monter à l'étage principal qui abrite le salon et je gravis les marches une à une derrière elle, sans dissimuler quoi que ce soit de mon état. C'est seulement en apercevant mes médailles sur une étagère que Charlotte comprend que je suis un sportif de haut niveau, handicapé, et qu'elle a déjà entendu parler de moi par l'intermédiaire d'une de ses amies avec qui je suis sorti. Encore plus improbable : nous nous apercevons que nous avons en commun le centre de rééducation *L'Espoir.* En 2015, Charlotte y a séjourné trois mois pour un syndrome de Guillain-Barré, une affection rare dans laquelle le système immunitaire du patient attaque les nerfs. Elle pouvait à peine marcher. Elle s'est heureusement bien remise. Ce séjour lui a permis de côtoyer des personnes en situation de handicap, et de son propre aveu elle a gagné en tolérance et en compréhension. Mon état ne l'effraie donc pas du tout. Pour en avoir le cœur net, je lui suggère rapidement de partager mon quotidien le plus basique. À la place de soirées au resto, je préfère l'inviter à manger des pâtes ou des grillades chez moi et à regarder un film en tête à tête. Charlotte, bien qu'un peu surprise par la tournure que prennent les événements, accepte. Elle me trouve très débrouillard, volontaire. Elle me répète (encore aujourd'hui) que je ne me plains jamais. Nous devenons très proches, très vite. J'ai envie de faire ma vie avec elle. Par chance, elle est d'accord ! Nous décidons assez rapidement d'emménager ensemble.

L'autre grand changement dans mon existence provient d'une activité inédite et pas du tout évidente pour moi. Parmi les partenaires qui m'accompagnent depuis quelques années, figure la BPCE. Ce groupe qui comprend la Banque populaire et la Caisse d'épargne a toujours été engagé dans le mécénat et le sponsoring d'athlètes. Je fais partie de leur équipe qui compte plus de trente sportifs aux disciplines éclectiques, de l'aviron au handball, en passant par la natation. Je suis l'un des rares représentants du handisport. Ce partenariat me permet de rencontrer régulièrement de prestigieux collègues, comme le nageur Fabien Gilot, les champions d'athlétisme Pierre-Ambroise Bosse et Pascal Martinot-Lagarde, la handballeuse Cléopâtre Darleux ou encore la skieuse acrobatique Perrine Laffont. À l'occasion du colloque annuel, nous nous réunissons et c'est moi qu'on sollicite pour raconter mon parcours devant un millier d'invités. Cela m'intrigue. Je demande systématiquement aux organisateurs pourquoi ils me choisissent alors que je ne possède pas la moitié de la notoriété des autres. « On aime bien ta façon de raconter les choses. » L'argumentation est mince, mais soit. Ma courte prise de parole de trois minutes environ semble faire mouche puisque la BPCE m'invite bientôt à participer à une conférence où je serai le seul représentant sportif ; un déroulé sous forme de questions-réponses avec une journaliste, dans un amphithéâtre à Bercy, face à une centaine d'invités. Je vous l'avoue : je ne suis pas à l'aise avec ce projet. Il me fait peur. Le terme « conférence » m'impressionne. Mes vieux démons qui datent de l'école ressurgissent. Je m'imagine des philosophes et des intellectuels haranguer la foule dans un langage érudit. On me rassure : tout cela sera bon enfant ; nul besoin de réviser son bac. Ça tombe bien : je ne l'ai pas ! Je me laisse donc porter par les questions de la journaliste. Après tout, il s'agit de mon parcours ; je ne devrais pas avoir trop de mal à répondre. La conférence dure une heure environ et se déroule effectivement de façon très fluide. Je m'apprête à saluer les organisateurs avant de repartir, quand une personne s'approche de moi pour me féliciter et me raconter un pan de son histoire familiale qui fait écho à la mienne. Une deuxième vient à moi et me décrit à quel point mon discours lui a donné de l'énergie. Puis une troisième, une quatrième. L'après-conférence prend des proportions que je n'avais pas soupçonnées. Les gens me narrent leurs épreuves, leur résilience. Ils établissent des passerelles avec leur passé ou leur présent, eux-mêmes ou leurs proches. Ils me questionnent sur mes moments de doute et de découragement, m'invitent à détailler comment j'ai rebondi. Quand on est sportif de haut niveau, on regarde toujours droit devant ; jamais dans le rétroviseur. C'est la première fois que je prends conscience de la valeur de mon histoire. Si particulière, elle embrasse pourtant les préoccupations et les angoisses de tous, quels que soient l'âge, le milieu, l'éducation. La pression excessive d'un manager, un burn-out, une dépression, une famille dysfonctionnelle, la maladie (de soi ou des autres), le handicap… Chuter puis rebondir : qui n'a jamais été confronté à ce cas de figure, sur le plan personnel ou professionnel, avec plus ou moins de gravité ?

Quelques mois plus tard, les organisateurs des conférences les plus célèbres du monde me contactent. Les TED (*Technology Entertainment and Design*) existent depuis 1984. L'initiative brillante d'une fondation américaine à but non lucratif qui vise, selon son slogan, à mettre en avant des idées dont la puissance peut changer le monde. Parmi les orateurs, Bill Clinton, Al Gore ou encore le chanteur de U2, Bono. Les discours sont généralement synthétiques – entre douze et vingt minutes –, à fort impact émotionnel et ils génèrent des milliers de vues sur Internet où ils sont disponibles gratuitement. Au fil des années, TED a fait des petits partout dans le monde. Les TEDx en sont une émanation : ils sont organisés localement, par des gens qui ont obtenu une licence de TED pour créer un événement adapté à leur public. C'est dans ce cadre que je suis sollicité. À nouveau, j'éprouve de l'appréhension. Il ne s'agit plus de répondre à des questions mais de proposer un discours écrit par mes soins, construit, aussi palpitant qu'un court métrage de cinéma. On doit envoyer son déroulé plusieurs semaines à l'avance pour le faire valider à l'équipe dirigeante. On m'annonce que je devrai ensuite travailler avec un coach pour m'exercer à l'art oratoire. Et ça, c'est non ! Je ne veux surtout pas perdre cette petite flamme, cette authenticité, à force de travailler mes phrases et mes intonations. Si cette intervention introduit du stress dans mon quotidien, je préfère décliner l'invitation. Cette fois, ce sont les organisateurs qui angoissent. Mille personnes seront présentes et la crédibilité des conférences TED n'est pas un sujet à prendre à la légère. Coupons la poire en deux : je propose de rédiger mon intervention et de l'envoyer à l'avance pour rassurer tout le monde. Mais le jour J, j'arriverai le matin, déroulerai à ma guise mon contenu lors d'une répétition générale et si la prestation n'est pas à la hauteur, il suffira de me le signifier ; je rentrerai chez moi sans discuter. Requête acceptée, même si je comprends bien qu'on me prend pour un original.

J'écris, je travaille, prends des conseils, retouche mon texte pour qu'il reste concis, le lis à quelques proches, corrige encore. Et j'envoie. Son titre : « Le pouvoir du mental pour une vie sans rancune ». En septembre, j'arrive au parc Montsouris où a lieu la conférence. Jean et chemise à carreaux, je suis décontracté. Je considère cette nouvelle opportunité comme une chance et, peut-être, une corde supplémentaire à mon arc. J'aborde cette nouvelle étape avec joie. Dans les loges, j'aperçois les autres orateurs de la journée, le nez dans les fiches qu'ils devront abandonner, une fois sur scène. Ils ne parlent à personne, semblent ultra-concentrés. La tension est palpable. Soudain, je doute. Me suis-je totalement mépris sur cet événement ? Ai-je à ce point sous-estimé cette épreuve ? Vais-je être à la hauteur de brillants orateurs qui, en plus, se sont entraînés et révisent ? Et si je paraissais ridicule ? Une jeune femme de la production vient s'enquérir de mes besoins, de mes envies. On se croirait en backstage d'un concert de rock où les moindres desiderata des « stars » sont pris avec le plus grand sérieux. Ce décalage avec ce que je ressens participe à mon inconfort. J'essaie de faire de l'humour en lui répondant que, si elle insiste vraiment, une crêpe au chocolat serait du meilleur effet. Vingt minutes plus tard, la voilà qui revient avec la crêpe ! J'éclate de rire. Manifestement, mon sens de l'humour n'est pas compatible avec le sérieux de la situation.

À mon tour de répéter. Je me dirige en fauteuil roulant vers la salle dont seule la scène est douchée de lumières. Un des responsables m'interpelle de loin :

– Ah ! C'est toi qui refuses d'être coaché ? Eh bien, bon courage ! Tu sais que si ton discours ne convient pas, je ne pourrai pas t'accepter ?

J'avale ma salive. J'en ai vu d'autres ! J'ai résisté à des formes de pression autrement plus terrassantes, alors pas question de commencer aujourd'hui à y être perméable. Je prends une grande inspiration. Je fais le vide. Et je déroule mon texte avec le plus d'engagement possible. Je ne suis pas encore complètement à l'aise mais je donne le change grâce à un rythme de narration régulier, une voix posée. Après dix-sept minutes, j'entends le type, au loin :

– Tu refais exactement la même chose tout à l'heure et c'est parfait.

Un peu plus tard dans la journée, on m'appelle pour rejouer la scène, mais devant mille personnes. Je suis excité à l'idée de sentir la salle, de savoir comment mon récit sera reçu. C'est mon vrai baptême du feu. La voilà, ma nouvelle adrénaline ! Micro-serre-tête en place, j'arrive sur scène en fauteuil roulant. Mon souffle est audible, même si j'essaie de le maîtriser. Je prends mes marques dans les premières minutes. M'applique à bien articuler. Mon intervention de novice est un mélange de maîtrise, d'innocence et de maladresse. Jugez plutôt : à onze minutes du début, je conte la façon dont je me suis remis debout pour la première fois au centre de rééducation. Sur scène, je joins le geste à la parole et m'apprête à me lever. Le fil du micro qui court dans mon dos reste coincé dans la poignée du fauteuil. Tout mon attirail s'arrache et tombe par terre. Petit moment de panique. Quelqu'un vient m'aider à le remettre en place et je reprends où j'en étais : je me lève. Un murmure parcourt la salle. À peine quatre minutes plus tard, je décris comment j'ai pu remarcher avec des béquilles. J'attrape ces dernières, jusqu'ici dissimulées derrière un petit bureau. Et j'arpente la scène lentement, méthodiquement. Mes pas claquent sur le sol. Une première personne applaudit, suivie d'une deuxième, d'une troisième puis c'est la salle tout entière qui s'émeut. J'achève mon histoire et les milles personnes se lèvent en frappant dans leurs mains ! J'ai beau avoir expérimenté un certain nombre de situations galvanisantes grâce aux compétitions, je trouve ce moment complètement fou !

Je découvre une source de motivation insoupçonnée : la transmission. La conférence remporte un franc succès (elle cumule aujourd'hui plus de cent cinquante mille vues sur Internet). Et elle me sert de passeport pour la suite.

Je me professionnalise : je crée une plaquette de présentation avec l'aide de quelques connaissances. Je regarde ce que d'autres conférenciers proposent sur Internet. Je parfais mon déroulé en me faisant aider pour gagner encore en éloquence. Je l'adapte sur une demi-heure et sur une heure pour répondre à toutes les contraintes. Et je me lance, d'abord en sollicitant moi-même des sociétés. Six conférences en 2017. Douze en 2018. Trente en 2019.

Des groupes de prêt-à-porter, de grande distribution, d'assurances me sollicitent. Partout, on joue les prolongations en discutant ensuite au minimum trois quarts d'heure avec le public. Quels que soient les invités, c'est le même impact, les mêmes yeux humides à la fin, la même sincérité des remerciements. La majorité d'entre eux me parle d'inspiration ; les autres évoquent une prise de conscience salvatrice. Ils se rendent compte qu'ils se font une montagne d'un souci qui n'en vaut pas la peine et ressortent des conférences avec la ferme intention de changer de paradigme.

Je me sens utile.

Mais vous me connaissez désormais : j'ai du mal à me contenter du minimum. Alors pourquoi ne pas viser l'international ? Si mon histoire parle aux Français de façon aussi unanime, j'aurai peut-être un écho outre-Atlantique ? J'ai toujours aimé voyager. Ma carrière de sportif m'a offert de belles opportunités et j'ai très envie de continuer à découvrir d'autres cultures, d'autres façons de penser. Seul bémol : je ne parle pas suffisamment anglais et comme je ne suis pas scolaire pour un sou, je ne suis pas très enthousiaste à l'idée de reprendre des cours. J'essaie tout de même de me motiver. Deux heures de leçon, deux fois par semaine, devraient m'aider à reprendre les bases de la grammaire et à parfaire un vocabulaire spécifique au sport de haut niveau et au handicap. Mais cela ne fonctionne pas du tout. Mon professeur a beau être compréhensif et sympathique, sa méthode, classique, ne me convient pas. Je confonds les temps, je me trompe de mots, cela m'agace, je stagne. J'essaie de regarder des films en anglais mais ce n'est pas plus probant. Je commence à perdre ma motivation et à abandonner mon projet international quand le Covid passe par là. L'épidémie marque un coup d'arrêt dans mes activités comme dans celles de la plupart des gens. Je me retrouve cloîtré. Soudain, une lueur : je n'ai qu'à faire traduire mon texte en anglais et à l'apprendre par cœur ! Après tout, les conférences à l'étranger sont différentes des françaises : comme elles sont suivies par énormément de monde, il n'y a quasiment jamais de questions/réponses, sans quoi les prestations dureraient trop longtemps. Je ne risque donc pas de me retrouver coincé à cause de mon niveau de langage.

Je m'exécute. Ma vie tient sur dix-sept pages de texte au format A4 ! Énorme et minuscule à la fois. C'est une somme à mémoriser mais je n'ai jamais eu de problème de ce côté-là. Il fallait bien que je puisse compter sur quelques aptitudes naturelles à l'école ! À la fin de l'été 2020, je connais mon intervention en anglais sur le bout des ongles et, en plus, j'ai acquis de nouvelles expressions et peaufiné ma syntaxe. Moi qui refusais quelques mois auparavant de préparer quoi que ce soit ! Une fois encore, j'ai la confirmation que lorsqu'on adapte un apprentissage à une personnalité, cela fonctionne. Le fait d'avoir envie de partager mon histoire, de transmettre mes valeurs, fait appel à mes émotions. Les scientifiques le savent aujourd'hui : celles-ci accélèrent et consolident les apprentissages. Faites le test : quels sont vos souvenirs les plus marquants ? Il y a fort à parier qu'ils convoquent des moments forts de partage et de joie.

En 2021, je plonge dans le grand bain : je participe à un TED en anglais. J'enchaîne avec des conférences internationales pour des sociétés japonaises, je pars en Suisse, dans les Émirats arabes unis. Et bien sûr, je continue à me faire connaître en France. Ma nouvelle activité me permet de rencontrer des personnalités que je n'aurais jamais eu la chance de côtoyer autrement ; je les considérais comme inaccessibles et elles se révèlent très simples : Jean-Yves Forel, un des dirigeants de la Caisse d'épargne, Anthony Bourbon, patron de Feed qui commercialise des barres-repas, Christian Courtin-Clarins de la société du même nom. Je bénéficie d'accès privilégiés dans des lieux interdits au public, comme des salles de marché de *traders*. Je me retrouve à faire mes conférences dans des endroits parfois dignes de films hollywoodiens. Je n'imaginais même pas qu'on puisse investir autant d'argent pour de telles occasions, comme la fois où j'ai délivré mon discours dans un avion affrété rien que pour les collaborateurs d'une société ! Une autre fois, c'était dans les caves de Saint-Émilion ou sur une des îles Paul-Ricard (l'île des Embiez), dans le Var, face à la mer. Je me suis aussi retrouvé au cœur d'une arène à Lisbonne, sur une scène à 360 degrés, devant mille personnes ! Assez récemment, c'est Dubaï qui m'a surpris. Le commanditaire faisait partie d'un club d'affaires. Je suis arrivé en m'imaginant une grande salle impersonnelle. En fait, j'étais chez un particulier, dans une maison de 4 800 mètres carrés. Pour faire partie de ce club, il fallait être milliardaire. Dehors, que des Ferrari et des Lamborghini. Des dizaines de serveurs s'affairaient autour de nous. J'avais à peine dit « ouf » que j'avais à manger, du café. La table pour accueillir les convives comportait cent vingt places. On m'a raccompagné en Rolls. Je craignais que mon fauteuil roulant n'endommage le cuir des sièges mais le chauffeur n'en avait cure. Restaurer les sièges ? Une formalité ! Une autre fois, j'étais en Arabie saoudite pour un gigantesque salon de l'immobilier. Parmi les autres intervenants : Tony Blair, l'ancien Premier ministre du Royaume-Uni. Rien que cela !

La confrontation avec ces publics extrêmement fortunés, bardés de diplômes et/ou très célèbres, ne m'a pas impressionné longtemps. Bien entendu, au début, il y a toujours une petite appréhension, cette voix qui murmure « Vas-tu être à la hauteur ? ». Mais la hauteur n'est pas plus importante avec des milliardaires ou avec des entrepreneurs qui ont fait HEC. À Dubaï, ces cent vingt convives étaient tous des *self-made men and women* ; des gens qui ont construit eux-mêmes leur fortune, sans bénéficier d'un quelconque héritage. Ils avaient parfaitement conscience de la volatilité de leur situation. Ils étaient partis de rien et pouvaient retourner au même point. Mon histoire leur a parlé, car l'argent n'a rien à voir là-dedans. Finalement, avec le recul, un seul public continue à me demander des efforts particuliers : les jeunes *geeks*. Raconter mon histoire à un aréopage de salariés de vingt-cinq ans, le nez plongé dans un téléphone portable, est forcément plus compliqué. Comme ils ne me regardent pas ou à peine, il faut que j'use de quelques ruses pour invoquer des références qui leur sont familières. S'ils lèvent la tête, je les attrape et ne les lâche plus !

Aujourd'hui, je donne une cinquantaine de conférences par an ; les trois quarts à l'étranger. Elles m'apprennent l'humilité. Dans le milieu sportif, j'arrivais en favori. Là, personne ne sait qui je suis ni ne m'attend. Il me faut systématiquement convaincre : avant de prendre la parole, j'évolue dans l'indifférence générale. La plupart des gens me croisent sans même m'adresser un regard (ou alors condescendant). Je ne peux pas leur en vouloir, il est toujours plus simple de fuir le handicap que de s'y confronter. Je renverse complètement le rapport humain pendant la conférence. Ensuite, c'est un déferlement de sympathie, de mains qui viennent taper dans la mienne, d'accolades. Il m'arrive même de me faire draguer ou de déclencher une véritable ferveur, comme à Disney, où les deux mille cinq cents personnes présentes dans la salle se sont levées en scandant chaque partie de mon récit de leurs cris et de leurs applaudissements.

Ne pensez pas pour autant que les conférences soient un long fleuve tranquille. Les embûches se nichent parfois où on ne les attend pas. Je garde en mémoire une intervention au Palais des congrès de Lyon, devant mille personnes, où un problème de son a failli me coûter la vie. Le micro ne fonctionnait plus, un technicien a apporté sur la scène où je me trouvais en fauteuil roulant une énorme caisse de matériel technique sur roulettes, pour tenter une réparation. Mais en descendant la pente située sur le côté de la scène, il a lâché la caisse par mégarde. L'engin a foncé droit sur moi à une vitesse folle. Si je ne l'avais pas entendu arriver, si je ne m'étais pas jeté sur le côté, j'aurais été percuté de plein fouet. Avouez que ç'aurait été décevant, comme fin !

SE RASSURER DANS NOS OBJECTIFS GRÂCE À DE BONNES PRÉPARATIONS
L'essentiel d'une épreuve a lieu avant celle-ci

Je suis capable de lâcher prise quand je ne maîtrise pas les événements. Mais je suis un vrai bourreau de travail lors de la préparation de mes défis, sportifs ou non. J'essaie de ne rien laisser au hasard. Mes conférences sont à cette image.

Pour y parvenir et même si je suis d'un naturel très optimiste, j'envisage toujours le pire. Cet état d'esprit me permet, une fois dans l'action, de ne pas être trop stressé, de gagner en légèreté et de me concentrer pleinement sur l'instant. Comme il y a toujours des imprévus, j'ai l'entière latitude pour cela !

Dans la vie de tous les jours, même pour des échéances qui n'ont aucun rapport avec des défis sportifs, je conseille de prendre un temps important pour la préparation. Cela vous semble peut-être évident mais avouez que nous avons tous eu un jour la tentation de nous reposer sur nos acquis et de nous dire « C'est bon, j'ai de l'expérience, pas la peine de trop préparer ». C'est faux. Ou, en tout cas, cela ne sera jamais aussi bien que si vous aviez préparé votre intervention. On arrive le jour de l'épreuve plus serein puisqu'on a mis toutes les chances de notre côté. Et surtout, on évite de croire tous ceux qui nous assènent d'office « Ne t'inquiète pas, ça va bien se passer ». Non. La pensée magique n'a rien à voir là-dedans : cela se passera bien si notre préparation a été optimale.

En route sur quatre roues

Au moment où je lance mon activité de conférencier, la compétition s'invite à nouveau dans ma vie, presque malgré moi. À cette époque, je continue à m'entretenir physiquement grâce à de la musculation, un peu de vélo, mais je me tiens désormais très loin des entraînements intensifs. D'ailleurs, cela ne me manque pas du tout : je déteste le sport ! Suer sang et eau pour parvenir à un résultat parfois minime ne m'a jamais permis d'exulter. Ce qui m'anime, ce sont les défis. Les défis et le plaisir. Des moteurs qui vont me mener à mon prochain rêve, probablement le plus fou de tous.

Je suis resté très lié avec mes anciens coéquipiers de motocross de l'équipe KTM. Chaque année, nous sommes conviés à un événement qui regroupe plusieurs partenaires et au cours duquel nous pouvons tester de nouvelles cylindrées. J'ai beau avoir quitté le circuit depuis un moment, je reçois encore des invitations. En 2016, je m'y rends avec mon ami pilote Arnaud Demeester. Il m'incite à essayer un « engin extraordinaire » : un buggy, un véhicule léger tout-terrain, avec quatre grosses roues, une carrosserie ouverte et deux sièges côte à côte, d'où son acronyme anglais, SSV, pour *side by side vehicule*. Les buggies convoquent dans mon imaginaire plusieurs références : les petites voitures de l'enfance qu'on se plaît à faire rouler sur les surfaces les plus chaotiques possibles et le Rover de la NASA qui permit aux astronautes des missions Apollo 15, 16 et 17 d'accroître leur rayon d'action sur la Lune. Il s'agit d'une voiture électrique – avec quelques aménagements bricolés sur place, je devrais pouvoir la tester. Arnaud empoigne du gros scotch pour maintenir mon pied sur l'accélérateur.

Me voilà parti sur le terrain de sable. Immédiatement, je prends un plaisir incroyable. J'ai peu d'efforts à faire pour avancer, les sensations se révèlent presque aussi grisantes que celles de la moto mais sans ses inconvénients. Une vraie révélation ! J'apprécie tellement ce moment que je décide d'acheter un buggy.

Je comprends vite que mes compétences d'ex-pilote de motocross me permettent de me sentir particulièrement à l'aise sur un SSV. Tout cela m'est si naturel que j'envisage bientôt de participer à quelques courses. Un autre paramètre me séduit : ces dernières sont ouvertes aux valides et aux personnes en situation de handicap, sans différence de traitement. Mon père et mon parrain, suffisamment aguerris en mécanique, me préparent une machine « à la Axel » : une sorte de rallonge semblable à une babouche est soudée sur la pédale d'accélérateur. Je viens y fixer mon pied avec une sangle. Je peux ainsi appuyer sur l'accélérateur avec l'aide de mon quadriceps. Je jauge ensuite l'accélération de la voiture grâce aux vibrations ressenties au niveau de mon bassin. En 2017, je participe à la course des champions de Pont-de-Vaux, en Auvergne. Un bel événement qui réunit cinquante mille spectateurs pendant trois jours. Je termine deuxième.

Cette excellente performance, vu ma petite expérience, me permet de me rapprocher de la marque Polaris, sponsor de l'événement. Des buggies sont mis à ma disposition pour de futures compétitions. Lesquelles ? J'ai bien une piste, même si elle est encore très hypothétique à ce stade : je veux faire le Dakar en SSV, face aux valides ! Le rallye-raid le plus difficile et le plus dangereux du monde. À la clé, pas d'argent. Juste une médaille et du prestige. Mais quel prestige ! Cette idée me trotte dans la tête depuis que je suis tombé sur des articles concernant un athlète sud-africain très controversé : Oscar Pistorius. Avant de devenir tristement célèbre pour avoir tué sa compagne, Pistorius fut le premier sprinter amputé à concourir dans un championnat pour les valides et à décrocher une médaille par équipe, lors des Mondiaux de Daegu en 2011. Né sans péroné, amputé sous le genou, il a dépassé les limites du corps humain grâce à ses prothèses. Pourquoi ne me lancerais-je pas moi aussi un défi improbable : concurrencer les valides lors de la course la plus difficile du monde ?

Lors d'une réunion plénière de Polaris à Barcelone, je me fais connaître, parle de mes ambitions, noue des contacts dans l'espoir de trouver des partenaires. Les réactions sont mitigées : certains s'enthousiasment. Une personne en situation de handicap face à des valides serait un cas de figure inédit. D'autres me dissuadent : mon état ne me permettra jamais de rouler douze heures par jour sur des terrains si instables, le bivouac malmènera mon dos. Mais peu m'importe. Je n'en suis pas là. Je ne me suis même pas encore fixé d'échéance puisque de toute façon le Dakar a lieu tous les ans. Je préfère prendre le temps de participer à d'autres courses ici et là, et surtout j'ai un autre problème bien plus important à régler : les financements. Participer au Dakar coûte au bas mot un demi-million d'euros. Un SSV bien préparé : 150 000 euros. Chaque personne de l'équipe qui bivouaque : 10 000 euros (il en faut au moins dix). S'ajoute un camion d'assistance qui fait la course, tout en servant de relais si on a besoin de matériel : 30 000 euros. L'inscription : 30 000 euros. Sans compter tous les frais d'avion !

Comme je développe en parallèle mes activités de conférencier professionnel, le hasard m'amène à travailler en 2018 pour Le Souffle du Nord, une association dont la mission est de fédérer citoyens, entreprises, associations et collectivités autour de projets collectifs innovants pour promouvoir les Hauts-de-France. Deux ans auparavant, cette association avait tenté de participer au Vendée Globe avec le navigateur Thomas Ruyant. Mais l'aventure avait tourné court après une collision. Le bateau était resté en Nouvelle-Zélande et n'avait pas pu être rapatrié. L'enjeu pour moi : proposer une conférence autour de la résilience et expliquer qu'il faut parfois abandonner ses grandes ambitions pour se plonger dans de nouveaux projets. Et si ces nouveaux projets prenaient la forme d'un rallye Dakar avec moi ?

Ce jour-là, je suis en forme et je me montre suffisamment convaincant pour que plusieurs entrepreneurs me manifestent leur intérêt à l'issue de la conférence. J'embarque Maxime, mon ami d'enfance qui fabrique mes attelles, dans l'aventure et lui propose de devenir mon copilote. Sa double connaissance des SSV et de mes problèmes physiques constitue un atout considérable. À ses côtés, je me sens en confiance. Mais Le Souffle du Nord ne nous pousse pas autant que je l'espère. Nous enchaînons un nombre incalculable de réunions et le projet devient trop chronophage pour ce qu'il rapporte. En janvier 2019, nous n'avons que 50 000 euros sur les 500 000 nécessaires. Il nous reste un an. Pour accélérer, je n'ai que peu de choix : il me faut gagner en visibilité en performant lors d'une course reconnue. Je m'inscris au Morocco Desert Challenge, un rallye annuel du désert qui s'étend d'Agadir à Saïdia. Sept étapes, une semaine de route, trois mille kilomètres au total. Un mois avant le départ, Maxime quitte le navire : il manque de temps. C'est un sacré coup dur, d'autant que je ne l'ai pas vraiment senti venir. Je suis parfois trop absorbé dans les projets pour comprendre qu'il n'en est pas de même pour les autres. Charlotte, qui me connaît par cœur, se souvient de cet épisode comme de l'un des plus difficiles pour moi. J'ai beau faire preuve d'une extrême pudeur lorsqu'il s'agit de mes émotions, j'ai du mal à lui cacher combien le départ de Maxime atteint mon moral. C'est le moment de mettre en application les préceptes de mes conférences : je n'ai plus qu'à rebondir !

J'active mon réseau, me rapproche de pilotes qui ont une solide expérience des grands rallyes. L'un d'eux s'appelle Hervé Diers. Vous le connaissez sûrement grâce au film *Bienvenue chez les Ch'tis*. La célèbre friterie *Momo* est une de ses créations. Hervé est aussi détenteur du record du monde du plus gros cornet de frites et il a participé à douze Dakar. Il me présente son copilote, François Beguin. Le courant passe tout de suite. Plus âgé que moi, François a dix-sept Dakar à son actif et son enthousiasme est à la hauteur de son expérience : cet homme aime les défis. Vu que je manque de moyens, je décide d'aborder ce rallye marocain sans camping-car. Nous dormons chaque soir sous une simple tente, sur un matelas gonflable. Je cours sous les couleurs de Polaris mais mon équipe personnelle est toute petite : outre François et moi, il n'y a guère que Pierre, le kiné qui s'occupe de mon corps depuis des années. Heureusement qu'il est là ! La route, les cahots, les nuits… Je m'attendais à ce que cela soit fastidieux, mais j'étais bien en deçà de la réalité !

Premier jour : nous cassons une courroie. C'est tout simplement ce qui permet de faire avancer le véhicule. Les mécanos de Polaris la réparent. Elle lâche à nouveau. Et une troisième fois. Le buggy stoppe net, en plein désert. Quand la mécanique ne suit pas, c'est rageant. Sur une cinquantaine de participants, nous terminons chaque étape à la cinquième ou à la sixième place. Pas mal mais trop insuffisant, compte tenu de mes objectifs et de mes possibilités. Je suis à deux doigts d'abandonner, tellement je n'y crois plus. À quoi bon poursuivre ce rallye, vu que je n'ai aucune prise sur la mécanique ? Je commence aussi à fortement remettre en question ma collaboration avec Polaris pour le Dakar : ce que nous vivons quotidiennement au Maroc laisse augurer des aléas trop incertains lors d'une course de plus grande envergure. Je me confronte d'autre part à la mauvaise foi. Un jour, François et moi fonçons dans un rocher en plein désert. Nous n'y sommes pour rien : le triangle de direction a un problème, ce qui me fait perdre le contrôle du véhicule. François l'a bien senti, lui aussi. Pourtant, on m'accuse d'avoir endommagé la voiture en roulant comme un fou ! Nous avons beau argumenter, rien n'y fait. Je suis jeune : j'ai forcément tort.

Je m'arrête une seconde sur ce « détail » pas si insignifiant : dans ma vie, il m'est régulièrement arrivé d'être pris pour un chien fou, une tête brûlée, un casse-cou. Mais cela revient à s'attacher aux apparences et je dirais même aux préjugés. Un sportif qui tente autant de choses différentes en si peu d'années ne peut qu'avoir un problème d'ego qui l'aveugle. Quand on me connaît un peu, on sait que je suis tout le contraire. J'ai essuyé tellement de déconvenues matérielles, émotionnelles, physiques, que mes défis sont systématiquement pesés, questionnés, réfléchis, mis en perspective. C'est juste que je n'en fais pas étalage. Tout se passe dans ma tête et, avec les années, mes prises de décisions sont de plus en plus rapides. C'est une sorte d'entraînement du cerveau, accompagné d'un surentraînement du corps, de plus en plus précis en fonction de la connaissance que j'ai de moi-même. C'est comme lorsque vous regardez les exploits des astronautes dans l'espace. Vous vous dites qu'ils doivent être un peu fous pour se lancer dans de tels défis. Mais non. Ils se sont simplement entraînés avec acharnement pendant des années et ont accepté les missions en toute conscience. Avec le recul, je crois ne jamais m'être lancé dans un challenge hors de ma portée. C'était parfois plus incertain, souvent audacieux, de temps en temps dangereux, mais jamais impossible.

François me raisonne et trouve les mots justes : cette expérience, si infernale soit-elle, me prépare à toutes les difficultés possibles d'une course en SSV. Et de toute façon, il me faut démontrer aux organisateurs du Dakar que je suis capable de concourir, même avec mon handicap. Sinon, ils risquent de retoquer ma demande de participation. Nous terminons ce rallye déçus, sans performer. Je raconte nos mésaventures à Hervé Diers qui a réfléchi entre-temps : lui et trois de ses amis entrepreneurs ont très envie de m'accompagner dans mon futur défi. Ils me serviront de « porteurs d'eau » pendant le rallye : ils nous viendront en aide en cas de problème mécanique ou humain. Trois voitures suivront mon buggy : une garantie de sécurité. Mon projet est officiellement lancé. Il s'appelle #jepeux2020. Nous sommes en juillet 2019. Il nous reste six mois pour être prêts.

Six mois pendant lesquels il va me falloir faire preuve d'un certain don d'ubiquité puisque Charlotte aura besoin de soutien : ma compagne est tombée enceinte bien plus rapidement que prévu ! Quand on nous a annoncé la date du terme, le 5 février, jour de mon anniversaire, nous avons poussé un grand soupir de soulagement : la fin du Dakar est prévue le 17 janvier. Cela laisse une petite marge. Enfin, en théorie.

S'ADAPTER EN PERMANENCE
ou les secrets de la flexibilité mentale

Si on jauge objectivement les choses, rien ne s'est passé comme je l'aurais souhaité, à la suite de mon accident. Et à l'échelle de ma vie, je crois pouvoir dire que c'est souvent pareil. L'adaptabilité est un des paramètres qui définissent l'intelligence humaine. Alors j'essaie constamment de m'adapter, même quand je suis confronté à un coup dur. Bien sûr, comme tout le monde, je commence par éprouver une baisse énorme de moral. J'ai l'impression que mes neurones tournent au ralenti, que je n'ai plus envie de rien. Cela dure deux, parfois trois jours. Jamais plus.

Ensuite, j'enclenche la fonction « rebond ». Et c'est là que j'essaie de trouver une alternative, une solution, un palliatif. Il ne s'agit pas forcément de quelque chose de révolutionnaire mais c'est une autre voie à explorer. On pourrait penser que cela demande beaucoup d'efforts mais personnellement cela me rassure : au moins, je maîtrise cette pensée que je maîtrise quelque chose ! Essayez : au début, vous aurez l'impression que vous vous autopersuadez d'une chimère. Peu à peu, cette gymnastique de l'esprit rend la vie plus douce : il ne peut rien vous arriver puisque de toute façon vous allez explorer une autre voie de résolution.

Se remettre à vibrer

Six mois de préparation, c'est d'autant plus court que les véhicules doivent être acheminés par convoi maritime début décembre dans le pays de départ du rallye Dakar… qui n'a de Dakar que le nom, en souvenir de ses premières éditions. Cette année-là, c'est en Arabie saoudite que le plus grand raid du monde se déroulera. Le temps presse ! Je change de véhicule et m'associe à la marque Can Am, à la pointe des innovations. Je laisse œuvrer les mécanos pour que mon buggy, spécialement agencé pour l'occasion, supporte des conditions extrêmes inhérentes à ce genre de course. Un baquet a été thermoformé d'après la forme de mon corps, pour me maintenir correctement positionné dans la voiture malgré les secousses. Nous voilà déjà en novembre 2019. Je dois absolument trouver le temps de m'entraîner, ne serait-ce qu'une fois, pour m'assurer que je suis à l'aise dans le SSV. Ce n'est pas chose facile en cette période glaciale et pluvieuse qui n'a pas grand-chose à voir avec le climat saoudien. Avec mes partenaires, nous trouvons un terrain de sable sur la Côte d'Opale et organisons une journée d'essais techniques. Nous convions la presse pour lancer officiellement le projet #jepeux2020. Brut, CNews, France 3 font le déplacement. Il fait 0 °C, la neige s'écrase sur la visière de mon casque.

On ne peut pas dire que ce projet commence très bien !

Mon père qui m'accompagne tempête, mais quand je lui ai annoncé que j'envisageais de participer au rallye, il a sauté sur l'occasion et a proposé de se joindre à nous. Plusieurs de ses amis ont déjà tenté cette aventure et, même s'il a tendance à tout relativiser, il sait combien ce sera fort et unique dans nos vies. Il sera à mes côtés en tant qu'assistant de luxe. C'est une vraie tranquillité d'esprit et j'ai comme l'impression que cela ne sera pas superflu.

Pendant les fêtes de Noël, j'appelle Anne, mon ancienne kiné et coach de natation, pour l'avertir. Elle est toujours restée présente dans ma vie. Là, je sens qu'elle a un gros doute. Elle connaît parfaitement mes difficultés et parmi celles dont je parle peu, il y a la mauvaise régulation de ma température corporelle. Par 45 °C dans le désert, autant dire que ce n'est pas gagné. Anne m'encourage néanmoins. Instiller le doute dans mon esprit à ce stade ne serait pas constructif. Elle sait que je ne reviens jamais en arrière.

Après le Jour de l'An, je prends la route du rallye tandis que Charlotte reste en France. Elle a du mérite de me laisser vivre mon rêve alors que nous attendons notre premier enfant, tout en sachant combien le Dakar est dangereux. Plus que le voyage en lui-même, elle redoute l'accident. Et dans un petit coin de sa tête existe tout de même l'éventualité que notre bébé pointe le bout de son nez en avance. Je préfère ne pas y penser.

Cap sur Djeddah, sur les rives de la mer Rouge : 30 °C, choc thermique ! J'y retrouve mon SSV ; il a bien supporté le voyage et n'a heureusement fait les frais d'aucun vandalisme, ce qui arrive régulièrement. Avec François et mes coéquipiers, nous grimpons sur le podium de présentation. Nous sommes vingt-cinq au total. Que des Ch'tis ! Mon parrain, Guislain, est là aussi. Il va me suivre pendant tout le rallye avec mon père. C'est le début de la grande aventure et du rêve de gosse ! Le Dakar, c'est culte, dans ma famille. Je n'en ai jamais loupé un à la télévision. « Faire vibrer ceux qui partent, faire rêver ceux qui restent », c'est le slogan du rallye, prononcé par Thierry Sabine, son créateur, lors de sa première édition en 1979. Un mantra toujours d'actualité : tant qu'on n'y a pas participé, on en rêve ! Les étendues de sable à perte de vue où on se sent seuls au monde, les bivouacs à la belle étoile si cela nous chante, un esprit d'équipe très puissant puisque le pilote n'est rien sans les indications de son copilote. Moi qui suis un habitué des circuits balisés, j'adore rouler au milieu de nulle part, sans connaître les lieux à l'avance. Et puis il y a ces notions de défi et de dépassement de soi, centrales. C'est « la course la plus dure de la planète », à ce qu'on dit. Quatorze jours d'épreuve, neuf mille kilomètres de parcours, vastes déserts, terrains accidentés, sable brûlant qui s'immisce partout, températures entre – 5 °C et 50 °C, nuits blanches. Chaque année, plus de la moitié des concurrents abandonnent en cours de route. Ceux qui passent la ligne d'arrivée sont surnommés les « héros ». Alors imaginez avec un handicap ! Nous sommes trois cent cinquante et un pilotes à prendre le départ : motos, quads, SSV, voitures, camions. Parmi nous, de très grands noms qui me font autant rêver que les paysages désertiques : Stéphane Peterhansel, treize fois vainqueur (six fois à moto, sept en auto), Fernando Alonso, double champion du monde de Formule 1, qui participe pour la première fois et Mike Horn, l'explorateur de l'extrême qui joue les invités surprises à bord d'un SSV. Même si mon père n'est pas très volubile, je sens qu'il est heureux d'être là.

Le matin du départ, à 6 heures, l'excitation est à son comble ! Seul objectif : aller au bout du rallye Dakar, sans nous mettre aucune pression. Je n'ai pas refait l'erreur du Morocco Desert Challenge : cette fois, nous serons escortés d'un gros camion dont les banquettes se déplient pour permettre à la dizaine de personnes qui m'accompagnent de dormir à l'abri et si besoin, au chaud. Nous voilà partis pour la première étape : huit cents kilomètres pour aller jusqu'à Néom. Une distance qui me semble colossale. Dans les trente premiers kilomètres, au moins dix pilotes cassent leur cardan, la pièce qui permet de transmettre l'énergie et la puissance du moteur aux roues motrices ! Cela ne nous met pas en confiance. Cette première étape se déroule cependant sans problème majeur pour nous, en dehors d'une immense fatigue et de douleurs physiques que mon kiné va tenter de faire passer le soir même. La communication avec François fonctionne bien. Nous finissons ce jour-là dans le top 15, ce qui est très satisfaisant. À l'arrivée au bivouac, je suis stupéfait : c'est une véritable ville. Deux mille personnes s'affairent de toutes parts, sur une surface d'environ deux kilomètres carrés. Tout est prévu en cas de problème, même le camion médical où il est possible de passer des radios et d'être opéré ! Nous sommes impatients de pouvoir dîner à la cantine pour nous requinquer. Mais le festin tourne court. D'immondes saucisses ont vite raison de mon appétit, d'autant que mon signal d'alarme interne affiche une vigilance maximale : une intoxication alimentaire et ce serait la fin de l'aventure. Ce soir-là, avec mon père, nous parlons mécanique et endurance, sans affect. Le rallye Dakar est une affaire de souffle. Il faudra tenir la distance et ce n'est que le début. Grâce aux liaisons satellite, j'envoie un petit message à Charlotte. Pendant la course, nous sommes convenus de ne communiquer que sporadiquement, à base de textos, sauf urgence. Elle me rassure sur sa grossesse, m'explique qu'elle se sent bien, même si une pointe d'anxiété transparaît dans ses mots.

La deuxième étape du rallye nous réserve plus de surprises puisqu'il se met à neiger. Notre entraînement sous la pluie et dans le froid en France n'était pas si ubuesque ! Le problème dans ce genre de courses, c'est qu'il y a très peu de place dans les buggies. Impossible de partir avec des vêtements trop encombrants qu'il nous faudrait ôter au fur et à mesure. Résultat : François et moi nous habillons légèrement et nous sommes frigorifiés. Nous terminons néanmoins la journée dans le top 10. De mieux en mieux. Les jours suivants consolident notre confiance. Je me sens de plus en plus à l'aise avec ce véhicule qui commence à devenir un prolongement de moi-même. Dans la compétition des SSV, on recense deux catégories : T4 (la mienne, limitée à 125 kilomètres-heure) et T3 (des véhicules avec des pièces spécifiques, limités à 135 kilomètres-heure). François et moi commençons à nous classer dans le top 5 des deux catégories confondues. Puis nous prenons la tête des T4. Et si j'avais sous-estimé nos chances dans le rallye Dakar ?

La première semaine s'achève par une journée de repos amplement méritée à Riyad, exceptionnellement dans un hôtel – vraie douche, bon repas. Nous affichons une septième place au classement général et sommes les premiers Français dans notre catégorie de SSV. Nous sommes vraiment ravis de ces résultats, très inattendus. La voiture est entièrement remise à neuf par les mécanos ce jour-là et j'en profite pour faire pareil : sous les mains de mon kiné, j'espère retrouver de l'énergie pour aborder sereinement la deuxième semaine de compétition.

Nous reprenons la route. Plus que six jours. Tout se passe correctement jusqu'à la journée dite « marathon » dont je me souviendrai toute ma vie : ce soir-là, pas de bivouac traditionnel, pas de camion de ravitaillement, pas d'équipe. C'est la règle : nous serons livrés à nous-mêmes. Assez tôt dans la journée, nous apprenons que plusieurs accidents ont eu lieu et que les organisateurs ont décidé de neutraliser la journée. En d'autres termes, elle est écourtée et nous devons rejoindre notre point de chute par la route. Trois cents kilomètres en ligne droite, sans croiser âme qui vive. Comme nous ne sommes pas en retard sur le temps minimal à respecter, je prends la liberté d'arrêter notre véhicule pour aller uriner. J'entends des moteurs vrombir. Je croyais pourtant qu'on était seuls au monde ! Deux énormes 4 × 4 Cadillac foncent sur nous. Deux types dignes d'un film américain font voler la poussière en ouvrant leur portière. Il manque la musique d'Ennio Morricone ! Le premier porte un chèche, un pantalon kaki et des lunettes de soleil. Le second, une casquette. Ils tournent autour du SSV, l'œil torve, et nous interpellent en anglais.

– Vous ne pouvez pas rester là !

Je perçois immédiatement l'accent américain et demande confirmation.

Les types éludent ma question et renchérissent :

– Qu'est-ce que vous faites là ?

– On participe au rallye Dakar.

– Il ne faut pas traîner là. Dégagez !

Je suis peut-être trop curieux mais je hasarde :

– Pourquoi on n'a pas le droit d'être là ?

– Secret-défense.

– Vous êtes militaires ?

– Oui. CIA.

Je résume : moi, le novice du Dakar, je me retrouve en plein désert avec des membres de la CIA qui, manifestement, sont en train d'effectuer des tests secrets de missiles, sans quoi je ne vois pas pourquoi il faudrait déguerpir sur-le-champ. S'il nous arrive quelque chose ici et maintenant, soyons clairs : il n'y a personne pour nous aider. Je me crois dans une fiction ! Mais je ne fais pas le malin. Loin de nous l'idée de contredire ces deux hommes.

Nous voilà repartis, à la recherche de notre point de chute, un *empty quarter*, endroit vierge de toute civilisation. Difficile à localiser, il se mérite ! Mais le paysage récompense nos efforts. Un chapelet de dunes couleur miel s'étend à perte de vue. Le spectacle est d'une beauté sidérante ! Nous arrivons enfin au campement sauvage, quasiment enfoui sous le sable. Comme ce soir-là, personne de mon équipe à part François ne peut me venir en aide, c'est assez fastidieux. Nous dînons entre pilotes, avec Stephen Peterhansel et mon voisin de lit, Fernando Alonso. Je ne connais ni l'un ni l'autre personnellement mais nous discutons en toute simplicité de la course et de mon parcours qu'ils connaissent déjà en partie. Un dortoir de fortune est aménagé avec des centaines de lits enchaînés les uns aux autres. Un détail attire mon attention : plusieurs pilotes sont malades. Je l'ignore encore mais le Covid est en train de s'inviter dans la course. Au même moment, partout dans le monde, la psychose gagne du terrain. Mais impossible de le savoir : nous sommes complètement coupés de l'actualité. Coupés des autres, aussi. La liaison satellite est mauvaise ; je ne peux pas envoyer de message à Charlotte. Ce soir-là, en France, elle se fait un sang d'encre.

Nous abordons l'avant-dernier jour de course avec enthousiasme. C'est une portion dite « spéciale » : des dunes nous attendent du matin au soir. Avec François, nous montons avec un peu d'avance à bord du SSV, pour nous approcher de la ligne de départ. Mais la voiture ne démarre pas. La tension monte immédiatement car le départ s'effectue à heure fixe. À chaque minute de retard, c'est quinze minutes de pénalité. Je sors mon téléphone satellite, tente de joindre mon équipe. Nous parvenons à contacter Hervé Diers, un de mes porteurs d'eau, qui heureusement se trouve à proximité. Il arrive en catastrophe, branche des pinces sur notre batterie et tente de faire réagir la voiture. Elle redémarre, pile pour l'heure du départ !

– Je te préviens, François, je n'éteins plus cette bagnole jusqu'à ce soir !

– Tu seras obligé de l'éteindre ! C'est la règle quand on met de l'essence.

– Je m'en fiche. Tu m'entends ? Même pour aller aux toilettes, je n'éteindrai pas cette voiture jusqu'à ce soir ! On risque trop gros !

Une deuxième difficulté s'impose rapidement : il a plu pendant la nuit. Le sable, censé être mon allié, s'est considérablement durci. Je ne peux plus me servir de sa résistance naturelle pour manœuvrer comme je l'entends. Me voilà contraint à appuyer sur le frein comme sur n'importe quel type de terrain. Je ne suis plus du tout avantagé. Au fil de la journée, le sable sèche, heureusement, et nous rattrapons peu à peu nos concurrents. Certains s'arrêtent, victimes d'accidents ; d'autres cassent une courroie. La fin est proche mais tellement d'imprévus peuvent encore survenir ! Troisième difficulté du jour : je me sens patraque. Anormalement fatigué. J'ai l'impression d'engager une lutte sans merci contre moi-même. Je prends énormément sur moi pour maintenir le cap. Lors du premier ravitaillement, on nous informe que nous sommes en tête des deux catégories de SSV ! Nous, avec notre petit buggy, nous sommes devant les SSV plus puissants ! Je n'en reviens pas !

Le technicien qui est en train de mettre de l'essence dans notre véhicule brise net nos effusions.

– Dites, c'est normal, ça ?

Il indique le châssis du doigt. C'est le principal soutien de la structure du véhicule. Coupé en deux ! Les suspensions ont été endommagées dans les dunes et le châssis s'est brisé. Ma tension chute dans mes talons. Moi qui pensais performer, tout s'écroule. C'est dans ces moments-là qu'un copilote prend toute sa valeur. François tempère :

– Bon, cassé pour cassé, on va essayer de rouler comme on peut, avec les moyens du bord !

Et le voilà parti glaner des sangles et autres colliers de fer pour tenter de faire tenir le châssis ! Nous reprenons la route à 30 kilomètres-heure au lieu de 50 habituellement dans les dunes, en faisant attention comme jamais. Chaque descente nous fait frémir. Cent quarante-quatre kilomètres. Il faut tenir cent quarante-quatre kilomètres ! Après quoi, ce sera de la route et la perspective de rejoindre le tout dernier bivouac deviendra tangible. Je ne cesse de questionner François :

– Et là, il reste combien de kilomètres ?

– Cent kilomètres.

[…]

– Et là ?

– Quatre-vingts.
– Quoi ? Seulement ?
– Rooouuuullllee !

La « spéciale » dans les dunes s'achève. On pose de nouvelles sangles autour du châssis. Il était temps : le moteur commençait à être de travers. Nous voilà repartis pour quatre cents kilomètres de route pour terminer cet avant-dernier jour de rallye !

En France, Charlotte, qui me suit par satellite, ne comprend pas pourquoi je me fais autant distancer alors que j'étais en tête la veille. De fait, nous avons perdu énormément de temps, mais ce qui est extraordinaire, c'est que nous sommes toujours premiers de notre catégorie T4. Les autres concurrents ont manifestement aussi eu du fil à retordre. Arrivés au bivouac, nous annonçons aux mécanos qu'ils devront probablement passer une nuit blanche pour réparer notre véhicule. Dans ce type de compétitions, personne ne rechigne ; bien au contraire. Toute l'équipe est ravie de se mettre en quatre pour faire en sorte que nous arrivions au bout de la course. Lors du dîner, Cyril Despres, quintuple vainqueur du Dakar à moto, qui roule cette année-là en SSV aux côtés de Mike Horn, vient me féliciter. Leur buggy a été endommagé et Cyril a suivi la spéciale en hélicoptère. Il m'avoue avoir été très impressionné par notre course. Mike Horn vient aussi me saluer. J'ai l'impression de vivre un rêve éveillé ! Je suis terriblement excité à l'idée de reprendre la route le lendemain, mais je suis plus que jamais épuisé. Mon corps est en train de m'échapper. Je ne saurai jamais de quoi j'ai été atteint, mais avec le recul mes symptômes ressemblaient beaucoup à ceux du Covid.

Le lendemain, le SSV semble nickel, prêt pour une dernière « spéciale », mais plus petite : cent quatre-vingts kilomètres. Avec François, nous sommes d'accord : il faut tout donner !

– François, je te préviens : je veux gagner le Dakar !

Mon copilote éclate de rire.

– Écoute, j'ai terminé neuf Dakar sur les dix-sept auxquels j'ai participé, alors tais-toi et roule !

Nous nous élançons pleins gaz. Je fais fi de mon état, pourtant pas meilleur que la veille. Nous roulons, roulons encore. J'y crois vraiment. Je sens que l'exploit est à notre portée ! Nous passons la ligne d'arrivée, au terme de quatorze jours d'intenses efforts, vainqueurs de notre catégorie de SSV. Je suis le premier handicapé à remporter le Dakar devant les valides ! Une performance historique ! Je repense à mon accident. À toutes ces heures de souffrance, à toutes ces heures passées à tenter de retrouver une infime partie de mes facultés, à toutes ces montagnes russes physiques et émotionnelles qui m'ont mené là. Si au centre de rééducation, le docteur Khaled m'avait dit quelques années auparavant que je perdrais l'usage de mes jambes mais que je gagnerais le Dakar, je ne l'aurais pas cru.

Mon père s'approche de moi. Pour la première fois de ma vie, je le sens ému. Il m'embrasse.

– Bravo ! Vraiment, bravo ! Tu viens de réaliser une sacrée course !

Cela veut dire qu'il est fier de moi. Le genre de propos à la saveur particulière. Parce qu'il sait, en tant qu'ancien pilote amateur, combien ces courses demandent de l'énergie et de la maîtrise. Parce qu'il m'a accompagné sur le chemin de la compétition depuis que je suis tout petit et qu'il a été là tout le temps, partout, à chaque victoire, à chaque défaite. Parce qu'il m'a vu m'effondrer en Lettonie. Batailler en fauteuil roulant. Lutter pour me remettre debout. Redevenir champion autrement. Retomber, remonter en selle. Pour finir gagnant de ma catégorie dans le rallye-raid le plus prestigieux du monde. Parce que c'est mon père, tout simplement. Malgré sa sévérité, son caractère si difficile, ses exigences parfois déplacées, c'est mon père et cette victoire partagée avec lui m'emplit d'une immense fierté.

Dans ses yeux, je suis quelqu'un.

SAVOIR S'ENTOURER DES BONNES PERSONNES
... ou comment faire le tri

C'est l'une des clés de la réussite et de l'épanouissement. On accomplit rarement quelque chose de grand sans le soutien des bonnes personnes. Je veille toujours à ce que celles-ci croient en moi et en mes projets. Ce n'est pas une question de narcissisme. C'est juste que j'exerce un métier... ou plutôt des métiers de passion. Et mes collaborateurs doivent être autant impliqués et convaincus que moi-même par ce que je défends.

Peu importe si leur CV ne paraît pas adéquat, mieux vaut des personnes qui croient en moi que des experts « tièdes ». Plusieurs fois dans mon parcours, cette alliance de bonnes volontés a fait des étincelles. Je pense en priorité à ma coach de natation, Anne. Elle n'avait jamais eu affaire à des compétitions internationales et doutait d'être à la hauteur de mes ambitions. Nous avons toujours cru mutuellement en nous et surtout, en ce que nous arrivions à faire ensemble. J'ai évolué avec elle ; elle a évolué avec moi. Je n'aurais clairement pas pu atteindre ce niveau si Anne n'avait pas été à mes côtés.

Le corrélat de savoir s'entourer des bons partenaires, c'est d'apprendre à exclure les personnalités toxiques. On les détecte parce qu'ils contestent plus ou moins frontalement nos décisions, nos prises de position. Embarquer pour une aventure commune ne sous-entend pas qu'on soit toujours d'accord. Mais une opposition systématique n'est jamais bon signe. Tout aussi nocifs peuvent se révéler, même si c'est inconsciemment, les gens avec des croyances limitantes. Ceux qui vous ramènent toujours sur la terre ferme en rationalisant vos envies, qui entravent vos rêves, car eux-mêmes n'ont pas accomplis les leurs. Leurs conseils peuvent partir d'une bonne intention, mais ne croyez qu'en vous !

TOUJOURS FAIRE EN SORTE QUE CE SOIT *LE* MOMENT même si on est le seul à y croire

Comment faire pour que chaque moment que vous aurez décidé soit LE moment ? Très difficile de répondre. Il m'est arrivé quelquefois de cumuler tous les atouts, d'être en forme, mais que les résultats ne soient pas à la hauteur de mes attentes. Décider qu'on va y arriver n'est donc pas toujours suffisant.

A contrario, il est bon de savoir s'écouter quand on « sent » que c'est le moment. Ce fameux sixième sens, cette intuition, peut s'avérer excellente conseillère si on la considère avec attention. C'est ce que j'ai ressenti lors du rallye Dakar. Quelque chose semblait me porter. C'était *notre* moment. J'ai en tête une anecdote de l'ancien entraîneur de Florent Manaudou, Romain Barnier. Pour la finale des Jeux de Londres, le nageur s'était qualifié en faisant le dernier temps. Mais il se montrait étonnamment confiant. La veille de la course, Romain a retrouvé Florent à plus de minuit en train de déguster un hamburger ! Soit il se disputait avec lui, soit il restait à l'écoute de son champion, toujours confiant, et le laissait faire. Il a préféré la seconde option. Le lendemain, à l'échauffement, avant la finale, Florent n'était pas très performant. Mais il continuait à afficher une confiance inébranlable, arguant qu'il se sentait très bien. Il a fini champion olympique ! Depuis le début, il « savait », il « sentait » que c'était son moment.

Pour adapter ce conseil à une situation plus ordinaire, s'il vous arrive de devoir vous confronter à une épreuve, quelle qu'elle soit, je vous recommande de rentrer dans votre bulle entre quinze et trente minutes avant l'heure H pour faire de ce moment *LE* moment. C'est là que revient la visualisation mentale : imaginez-vous en train d'atteindre votre but. Vous éprouvez les sensations, vous entendez les bruits, sentez les odeurs uniquement générées par votre cerveau. Ça y est, vous y êtes presque !

Faire famille

Une fois rentré à l'hôtel, je n'ai qu'une hâte : m'endormir. J'appelle Charlotte juste avant. Comme toujours depuis que nous nous connaissons, elle se montre très heureuse de ce qui m'arrive. Les exploits ont moins de sens pour elle que de simplement me savoir en vie mais elle savoure ma victoire qui scelle aussi la fin du Dakar. À ses yeux, cela va me permettre de me consacrer pleinement à notre foyer. Elle me fait part de quelques contractions, sans douleurs pour l'instant. De toute façon, la sage-femme a été formelle : ne surtout pas s'inquiéter, ne pas se presser et bien garder à l'esprit que les premiers accouchements sont statistiquement les plus longs.

En ce 19 janvier 2020, les mécanos ont déjà pris la route pour réacheminer les véhicules en France. J'envoie un message à Charlotte pour lui annoncer que nous partons pour l'aéroport. Elle me reparle des contractions, cette fois plus fortes. Je réponds, toujours par écrit : « T'inquiète, ça va aller. Je monte dans l'avion. Va te recoucher, ça ira mieux demain. »

Ses parents dorment dans une chambre non loin d'elle. Je la sais bien entourée en cas de besoin. Mais ce que j'ignore, c'est que ma compagne souffre depuis déjà deux ou trois heures et qu'entre deux spasmes elle a pris soin de boucler sa valise pour la maternité. Mon laconisme passe mal. Par méconnaissance, je manque clairement de compassion à cet instant précis.

Dans l'avion, après quelques heures de vol, le wifi aérien fait biper mon téléphone. Charlotte : « Appelle-moi. » La connexion, plus qu'aléatoire, m'incite à penser que ce SMS doit être antérieur à nos derniers échanges. Je me replonge dans un bon film. À l'aéroport Charles-de-Gaulle, à Paris, j'enlève la puce saoudienne de mon téléphone et la remplace par ma carte SIM française. Mon appareil débloque complètement ; il a du mal à trouver le réseau national après quinze jours de mise entre parenthèses. Je ne m'inquiète pas, c'est fréquent. Je récupère mes bagages et monte avec mes coéquipiers dans un minibus qui va me ramener chez moi, à Lille. Soudain, mon téléphone capte le réseau et près de cent cinquante messages affluent d'un coup ! *Bip bip bip* : je ne compte plus les « Hourrah ! » et les « Bravo ! » qui ont dû m'être envoyés juste après notre exploit au Dakar ! Avant d'en prendre connaissance dans le détail, je profite du réseau pour téléphoner à Charlotte. Elle décroche instantanément. En fond sonore, le bruit très distinct d'un monitoring hospitalier.

– Charlotte, tu es à la maternité ?!

– Oui. Axel, j'ai quelque chose à t'annoncer : tu es papa !

Je pousse un cri : « Les gars, je suis papa ! » Dans le mini-van, c'est la folie ! Tous se mettent à applaudir, siffler, chanter ! Oscar est né à 7 h 54. Heure à laquelle j'ai atterri. Quel sens du *timing*, petit bonhomme ! Charlotte multiplie les anecdotes. Elle est arrivée à la maternité, parée d'un tee-shirt et d'un sweat à capuche « Axel Allétru ». En salle d'accouchement, elle a levé les yeux vers l'énorme lampe au-dessus d'elle. La marque, inscrite en grand : ACSEL !

Désormais, je n'ai qu'une hâte : rencontrer mon fils ! En termes de pics émotionnels, je crois qu'on ne peut pas faire davantage en moins de quarante-huit heures !

Après deux heures de route, j'arrive à la maternité. Dans le couloir, je me fais interpeller par un inconnu.

– Félicitations, monsieur Allétru !

– Merci ! Il s'appelle Oscar !

– Non, je parlais du Dakar !

J'en ris encore. C'est fou comme cette course peut être célèbre ! J'arrive dans la chambre, enfin. Charlotte me sourit. Notre fils dort dans son berceau. J'ai l'impression que ce petit être adorable a toujours été là. Je suis bien ancré dans la réalité. J'ai beau venir du désert et de la pure adrénaline, je me sens tout de suite papa. Je préviens Charlotte que je suis malade et qu'il ne vaut mieux pas que j'approche Oscar. C'est elle qui le prend d'abord dans ses bras, permettant à ses parents de nous photographier tous les trois, après quoi ils s'éclipsent. Je regarde mon fils, transi d'admiration. Quelle incroyable sensation ! Je ne voudrais être nulle part ailleurs.

– Vas-y, prends-le, me souffle Charlotte.

Je ne peux pas résister : je serre délicatement mon bébé contre moi dans un élan dont le naturel m'épate. Je suis si heureux d'être là, à ce moment précis, aux côtés de ma compagne et de mon fils ! Tout me semble aligné. Charlotte ne me reproche pas mon absence lors de l'accouchement ; nous savions que cela faisait partie des aléas.

J'ai été surpris, dans les jours suivants, de constater à quel point Oscar prenait naturellement sa place dans notre quotidien. Certains jeunes parents se font submerger par un désagréable sursaut de conscience lorsqu'ils s'aperçoivent de tout ce qu'ils ne pourront plus faire avec un nourrisson. Je n'en fais pas partie. Je n'ai jamais été fêtard et la rigueur du sport professionnel m'a très bien entraîné aux grandes responsabilités. Cette nouvelle vie s'est donc imposée avec le plus grand naturel, à tel point que je me suis bientôt demandé comment j'avais fait avant. Que je puisse me concentrer sur notre famille constituait pour Charlotte un soulagement. Je suis très conscient que partager sa vie avec un sportif de haut niveau relève d'une forme de sacrifice. Et comme j'aime à le rappeler, nous sommes une véritable équipe ! Charlotte est mon équilibre. Et réciproquement. Si je n'en parle pas davantage dans mes conférences ou dans les médias, c'est uniquement par pudeur. La vie de famille nous a tellement réussi que nous avons décidé de faire un deuxième enfant très rapidement et César est né quinze mois après Oscar.

Aujourd'hui, notre aîné a quatre ans. Dans ma tête, je me prépare psychologiquement à ce qu'il ait envie de suivre mes traces, d'une façon ou d'une autre. Je ne l'y incite pas particulièrement et, même, je le dissuade de vouloir faire du motocross. J'en ai fait les frais ; c'est bien trop dangereux ! J'ai d'ailleurs promis à Charlotte que nos enfants ne courraient jamais ce risque en compétition. Mais je sens déjà chez Oscar une forte appétence pour les défis et les sensations fortes, sans pour autant qu'il soit casse-cou. Les gens nous prennent souvent pour des extraterrestres et je peux le concevoir car, à quatre ans, Oscar fait déjà du vélo, du karting, de la petite moto et même du buggy ! Il en existe de petite taille pour les enfants de sept, huit ans ; ils roulent à une trentaine de kilomètres-heure. Avec mon père, nous avons dû fabriquer des rallonges pour que les pieds de notre fils touchent les pédales. Il est trop tôt pour dire si Oscar possède des aptitudes particulières et je ne cherche pas à devancer ses souhaits. Il fera bien ce qu'il veut ! De toute façon, dans le sport de haut niveau, il est impossible de persévérer si l'envie de performer n'est pas viscérale. Personne ne pourra générer cette passion si elle ne vient pas de lui. Si, un jour, Oscar n'est pas d'accord avec moi, s'il prend un chemin que je n'aurais pas spontanément choisi pour lui, je le laisserai faire. Je lui ferai confiance. Pas plus tard que la semaine dernière, je l'ai accompagné à une petite compétition de moto. Au bord de la piste, certains parents hurlaient sur leurs enfants pour les conseiller, comme si eux-mêmes jouaient leur vie. J'ai trouvé leur attitude déplacée et ridicule. J'ai laissé faire Oscar. Il tâtonnait, se trompait, mais il apprenait par lui-même et prenait confiance. Des pans entiers de mon enfance me sont revenus en mémoire. Je me revoyais, là, tout petit, expérimentant de nouvelles sensations, repoussant mes limites.

On me demande souvent si mon quotidien avec deux garçons en bas âge et pleins d'énergie n'est pas trop astreignant, vu mon handicap. Mais c'est plutôt à Charlotte qu'il faut poser la question. C'est elle qui est courageuse ! Quand je m'absente pour des conférences, elle assume intégralement le quotidien de nos fils, la tenue de la maison, les courses. Quand je suis à la maison, je m'investis autant que possible et je ne me plains jamais de mon handicap. Je me débrouille pour toujours rester autonome, mobile, actif. Il m'arrive d'embarquer les enfants à bord de mon fauteuil comme si c'était un véhicule magique. Cela les amuse beaucoup. Mais je ne suis pas dupe : c'est ma compagne qui porte les sacs et ce détail est à l'image de notre vie. Elle a coutume d'affirmer que le handicap n'empêche rien mais je sais ce que je lui dois. Et je lui suis extrêmement reconnaissant.

FACILITER LA VIE DES ENFANTS COMPÉTITEURS
L'inconfort n'est pas une condition de réussite

Petit, mes victoires n'étaient pas vraiment fêtées puisque, aux yeux de mon père, elles n'étaient que des moyens d'accéder à la suite. De plus, lorsque j'étais en position de gagner des compétitions facilement compte tenu de mon niveau par rapport à ma tranche d'âge, mon père me changeait parfois de catégorie pour que je me dépasse. Je me retrouvais alors en difficulté. Je comprends cet état d'esprit qui consiste à ne jamais se contenter de ce qu'on a. Mais avec le recul, je sais aussi que consolider ses acquis, y compris sur le plan de la confiance en soi, est important dans un parcours. Gagner facilement de temps en temps n'a jamais fait de tort à personne. On ne s'endort pas pour autant sur nos lauriers.

Mon conseil : évitez de pressuriser les enfants qui ont une âme de compétiteur. Ils ont souvent l'air plus volontaires, avec un caractère plus fort que la moyenne. Et les entraîneurs ont parfois tendance à les pousser quand ils sont performants. Mais ils restent des enfants et ont besoin de la même chose que tous les autres : du temps pour construire et renforcer la confiance en soi qui leur permettra de tenir debout, quelles que soient les embûches.

Je recommande aussi de célébrer les victoires des enfants, quelles qu'elles soient, même petites. Il ne s'agit pas de sortir la grosse artillerie de confettis chaque fois, mais de marquer le coup par la parole. C'est ce qui est le plus important. Dire à l'enfant qu'on a constaté ses progrès, que par rapport à un an en arrière, il sait faire ceci ou cela, c'est le marqueur d'une étape et cela me semble vraiment essentiel pour se développer dans l'harmonie.

PERSONNES EN SITUATION DE HANDICAP
Ne pas penser à leur place

J'aimerais prendre un petit moment pour vous parler des personnes en situation de handicap. J'assiste parfois à des scènes qui me laissent penser que quelques informations peuvent être utiles. Si vous êtes valide, il vous est probablement arrivé de croiser une personne en fauteuil roulant ou bien avec des béquilles, de la percevoir en difficulté et de ne pas oser agir pour ne pas la froisser. Mon message : proposez-lui votre aide, sans crainte. Il y a de nombreuses situations où nous serons très heureux de l'accepter. Pareil si vous accueillez un collaborateur en situation de handicap : proposez-lui une fois votre soutien, assurez-lui qu'en cas de besoin il peut vous solliciter.

En revanche, si la réponse est non, n'insistez pas. La suggestion, plutôt que l'insistance ! Il m'arrive très (trop) souvent de devoir répéter cinq fois à quelqu'un que non, je ne veux pas m'asseoir. Ou que non, il n'est pas nécessaire de me porter mon sac ni de m'apporter un verre d'eau. La difficulté pour les valides, c'est de lutter contre la transposition. Même si vous êtes très empathique, même si vous voulez bien faire, vous n'avez pas la possibilité d'être dans notre peau. Si vous n'êtes pas conscient de ce genre de choses, tout le monde risque de se retrouver dans une situation délicate. En guise d'exemple un peu extrême, je me souviens qu'à l'occasion d'une conférence que je devais donner à Dubaï, une des organisatrices avait estimé que la rampe d'accès à la scène était trop raide. Sans me consulter, elle l'avait entièrement fait refaire, pour 5 000 dollars ! Or c'était totalement inutile. J'avais pourtant été obligé, par politesse, de la remercier pour ce geste rare qui témoignait d'une grande bienveillance. D'autres fois, en guise de taxi, on m'envoie un gigantesque van alors que mon fauteuil roulant se plie et prend très peu de place. C'est gentil, cela part d'une excellente intention mais c'est inutile et facilement évitable par le dialogue.

Y aller au bluff

Je suis un jeune papa avec le vent en poupe. Le Dakar m'a ouvert de réjouissantes perspectives. J'envisage de retenter l'aventure la saison suivante. Mais la vie en décide autrement. 17 mars 2020, premier confinement. Comme la plupart des Français, je me retrouve à l'arrêt. Chômage technique. Toutes les conférences sont suspendues. Mes partenaires sportifs, affairés à maintenir leur entreprise à flot. Mon optimisme me pousse à penser que cette situation est transitoire. Quant aux finances, j'ai mis un peu d'argent de côté et nous ne sommes pas flambeurs, je ne me fais donc pas trop de souci. Comme toujours, nous allons nous adapter.

Je passe ce premier confinement en famille, à parfaire mon rôle de papa poule. Notre petit Oscar renforce la stabilité du foyer que nous avons créé avec Charlotte. C'est une période qui, paradoxalement, me semble douce, d'autant qu'il fait un temps magnifique et que nous avons l'immense chance de pouvoir profiter d'un terrain extérieur. Je fais beaucoup de sport et j'organise les journées de la famille entre balades et autres activités.

Charlotte s'en amuse : même dans ce contexte, je ne peux pas m'empêcher de planifier, de projeter, d'agir.

À la suite de la levée du premier confinement le 11 mai 2020, je rends visite à des partenaires qui m'ont soutenu, histoire qu'ils me gardent en mémoire. Je leur distribue ma nouvelle plaquette informative, leur apporte un poster ou une de mes combinaisons dédicacées. Mais tous mes projets sont gelés. Comme je ne supporte pas de rester inactif, c'est à cette période que j'essaie de me remettre à l'anglais et que je fais traduire mon intervention pour les conférences. Je nourris l'espoir de pouvoir un jour revoyager et partager mon expérience à l'international.

Confrontée à une troisième vague, la France repasse en confinement du 3 avril au 2 mai 2021. Charlotte est alors enceinte de notre deuxième enfant. César naît le 1er mai 2021, dans un contexte hors du temps. Et c'est un jour férié. Ce jour-là, nous sommes seuls au monde à la maternité et je suis bien présent pour l'accouchement ! Je reprends mes conférences à la même période. Mais haranguer une foule masquée a quelque chose de profondément déstabilisant. Aucune émotion palpable ! J'envisage alors un Dakar 2022. Puisque j'ai loupé l'édition de 2021, je ne peux pas passer à côté de cette nouvelle opportunité. Sinon, le milieu va m'oublier. Avec beaucoup de difficultés, je parviens à fédérer quelques partenaires et monte un projet moins coûteux que la version 2020. Peu d'assistance, un seul mécano par voiture au lieu de deux, combinaisons gratuites grâce à un partenariat : je me débrouille. Fin 2021, j'ai une voiture opérationnelle qui me plaît, une petite équipe fidèle et volontaire et je suis prêt à partir. Mais le deuxième jour de course, coup de théâtre : nous cassons notre moteur ! Mon moral en prend un sacré coup. Je m'étais démené pour monter ce projet dans un contexte particulièrement difficile. Il me faut encaisser le choc. Je prends alors un peu de temps pour moi et me rends chez mon ami Alex, au Touquet. C'est là que j'ai la révélation. L'Enduropale du Touquet. C'est ça, mon prochain objectif ! Depuis le temps que j'en parle ! C'est le moment ou jamais.

L'Enduropale du Touquet est au motocross ce que le Grand Prix de Monaco est aux voitures de course : la plus grande course de motos tout-terrain du monde ! J'en rêve depuis trente ans, d'autant plus que mon père l'a déjà remportée il y a des années, dans sa catégorie de moto, en 1989. Mais au moment où je décide de me lancer dans l'aventure, j'ignore que les six prochains mois censés me mener sur la grille de départ seront parmi les plus intenses de toute ma vie.

Les journalistes surnomment cette compétition « la grand-messe du motocross ». Un événement populaire comme je les aime. Six cent mille spectateurs affluent en un week-end : couples en goguette, familles, sportifs de haut niveau… Novices et spécialistes s'amassent aux abords de la plage du Touquet dans une incroyable ferveur pour encourager plus de deux mille pilotes d'une vingtaine de nationalités qui s'élancent à toute allure dans le sable, sur leur bécane, pendant environ trois heures.

La météo, souvent aléatoire, vient perturber la donne. Les Hauts-de-France en février sont qualifiés de département « humide et glacial » par les sites Internet touristiques.

Depuis sa création en 1975, l'Enduropale du Touquet joue sur la double corde du mythe et du folklore : les meilleurs pilotes du monde y côtoient les amateurs les plus inexpérimentés qu'on appelle les « poireaux », parce qu'ils se plantent dans le sable. Une année, on a pu apprécier un monsieur de soixante-dix-sept ans tenter sa chance ; une autre fois, un pilote concourait avec une poupée gonflable sur le dos. Le mélange des genres y est unique, ce qui n'empêche ni le haut niveau ni le prestige.

Je suis un petit gars du Nord. À partir de huit ans, peut-être neuf, j'ai souvent assisté à l'Enduropale avec mes parents, le cœur au bord des lèvres. J'avais déjà de l'expérience en compétition, mais c'est là que j'ai compris à quel point les frissons qui montent dans la poitrine résonnent au diapason des encouragements de la foule galvanisée. *Et si un jour, j'étais à leur place ?* Adolescent, je n'ai jamais pu participer à cette course, car le permis de conduire était requis : tous les pilotes commencent sur la route, au coude à coude, dans un immense convoi, sur un peu plus de deux kilomètres. Adulte, j'ai opté pour d'autres priorités mais je n'ai jamais oublié l'Enduropale.

Cette année, c'est décidé, je serai enfin sur la grille de départ pour participer à la première portion de la course. Je suis lucide : mon handicap m'empêche d'envisager l'ensemble de la compétition. J'ai beau avoir immensément progressé depuis toutes ces années, il me manque toujours 80 % des muscles et la plupart des sensations au niveau de mes jambes. Objectif : le *holeshot*, les six premiers kilomètres en ligne droite, à 170 kilomètres-heure. Même pour quelqu'un de valide, c'est une gageure : les chutes peuvent être catastrophiques, aggravées par la cohue des pilotes qui jouent leur année en quelques heures. Alors imaginez pour une personne en situation de handicap. D'ailleurs, cela ne s'est jamais fait. Avant de tenter cet exploit, j'ai quelques détails à régler : j'ai besoin d'une moto adaptée qui, à l'heure où je nourris cet espoir, n'existe pas encore sur le marché, d'une licence en bonne et due forme alors que j'ai failli me tuer en 2010 et d'une autorisation des organisateurs pour concourir en tant que pilote handicapé. Sur le papier, ce n'est pas gagné !

La perspective de remonter sur deux roues, treize ans après mon accident, ne m'effraie pas du tout. À l'été 2020, j'ai eu l'occasion de retrouver quelques sensations en empruntant la moto électrique de mon père, féru de nouvelles technologies. J'ai passé l'été en Vendée, à me balader le nez au vent, émerveillé d'entendre les bruits de la nature et des animaux tout en « roulant propre ». J'ai peu à peu accéléré, de plus en plus fréquemment. L'idée de concourir à l'Enduropale sur un véhicule électrique me plait furieusement : ça aussi, ce serait une première !

Été 2023 : la Stark, une moto électrique suédoise mise au point par le petit-fils du fondateur d'Ikea, arrive sur le marché. Puissante, autonome, superbe, elle ressemble à une sauterelle de l'espace en fibre de carbone et aluminium. Je m'imagine bien dessus. Identifier mon véhicule, c'est déclencher dans mon esprit la suite du plan, à commencer par convaincre cette marque de devenir mon partenaire. Excitant mais aléatoire ! Qui va jouer la crédibilité de son enseigne sur un pilote en fauteuil roulant ? Un souvenir s'invite dans ma mémoire : mes toutes premières parties de poker au centre de rééducation. Je n'avais aucune expérience mais j'étais tellement performant qu'au bout d'une semaine le personnel soignant avait décidé de refuser la confrontation ! Quelques semaines plus tard, un de mes amis, intrigué par ma facilité, m'avait convié à un tournoi. J'avais gagné des bons pour aller en boîte de nuit ! Tellement utile quand on est en fauteuil roulant ! Nous en avions beaucoup ri. Ce goût pour le bluff a commencé là. Je raffole de ces moments sur le fil où tout peut basculer d'un côté comme de l'autre, pour finalement rafler la mise. C'est exactement ce que j'ai décidé de tenter avec la société Stark.

À cette période, je suis en relation depuis plusieurs mois avec une boîte de production qui souhaite réaliser un documentaire sur mon histoire, pour Canal+. Dans mon esprit, l'Enduropale et ce film sont liés. J'ai envie de performer pour générer des séquences mémorables et ce documentaire va servir mon ambition. Mais rien n'est encore signé avec la chaîne et je ne serai pas fixé avant le mois de septembre. Or septembre, c'est vraiment très proche de l'Enduropale, prévue début février. Je rentre donc sans tarder en relation avec Stark et je leur parle du documentaire, quasiment comme si c'était fait. Ils se montrent réceptifs et tout s'enclenche rapidement. Les mécanos viennent me voir dans le Nord, commencent à travailler sur la moto pressentie pour la course, afin de l'adapter à mon état. Je décroche des financements auprès d'un célèbre assureur, puis d'un gros revendeur de matériel médical. J'engage une attachée de presse. Bref, je monte une équipe en un temps record. Ce genre de défi, c'est vraiment mon truc ! On me demande souvent qui travaille pour moi en coulisses, aux prémices d'un projet. Personne ! Je suis seul à bord, j'essaie de fédérer des personnalités aussi motivées que moi et l'équipe se forme ainsi. En octobre, grand soulagement doublé d'une prise de conscience qui, paradoxalement, me fait douter pour la première fois : le documentaire est officiellement signé. Je ne peux plus faire marche arrière.

J – 4 mois avant l'Enduropale.

L'équipe de tournage filme mes premiers tours de roues. J'emmène mon père lors d'un entraînement sur la plage et en profite pour lui annoncer mon ambition.

– Mais pour quoi faire ? C'est de la folie, Axel ! Tu ne vas quand même pas refaire une course sur une moto ? Il n'en est pas question !

Non seulement il en est question mais j'irai jusqu'au bout. Et il ne sera pas là pour tenter de me dissuader puisque deux jours plus tard il doit s'envoler avec ma mère aux États-Unis. Ma mère, justement : parlons-en.

Mise devant le fait accompli quand l'équipe de tournage débarque chez mes parents, elle change de couleur. Malgré moi, je lui fais soudain revivre l'enfer. Elle sait que mon père est contre l'idée de cette course, ce qui ne la réconforte guère. Là où je continue à avoir de la chance, c'est que mes parents ont compris une chose : quand j'ai une idée dans la tête, impossible de la déraciner ! Alors autant m'accompagner psychologiquement. C'est ce qu'ils finissent par faire, avec quelques nuits blanches en cadeau pour ma mère, sans parler du stress quotidien jusqu'à la course. Charlotte adopte la même attitude : elle m'accompagne, dans tous les sens du terme.

Ma moto semble idéale : légère, maniable, elle me donne l'assurance de ne pas caler puisqu'elle est électrique. Je n'ai pas d'embrayage au pied comme sur un véhicule thermique : bien plus pratique pour une personne en situation de handicap. Je me sens bien, je m'emballe, je m'envole et je commence à tenter de franches accélérations, en vue des 170 kilomètres-heure qui me permettront de ne pas être ridicule à l'Enduropale. Et là… plus rien ! La moto cale. Elle surchauffe et passe en mode sécurité au bout d'un kilomètre ! Branle-bas de combat : des ingénieurs débarquent en urgence, essaient de la modifier, font sauter les capteurs de sécurité… Rien n'y fait. On m'explique aimablement que cet engin a été conçu pour de petits circuits, qu'il ne pourra jamais satisfaire mes exigences, à moins de repartir pour au moins un an et demi de mises au point. La bonne blague !

J – 3 mois.

Il me faut changer de véhicule, et vite ! Mais il n'existe sur le marché aucun équivalent de moto électrique suffisamment performante pour la course. Ma seule alternative : repasser au mode thermique. Une pure folie ! Un corps invalide n'est pas du tout adapté à ce type de moto dans le cadre d'une compétition professionnelle. Je tente de garder mon calme, je réfléchis… et je l'entends, elle, la petite voix intérieure qui vient de très loin et qui m'a toujours donné les meilleurs conseils : « Quelle revanche ce serait sur la vie ! » C'est décidé : je vais convaincre les patrons de Yamaha, la meilleure marque de véhicules de ce type à mes yeux, de m'accompagner dans cette aventure.

Eux et moi, on se connaît un peu ; ils me suivent depuis que je suis adolescent, ont beaucoup cru en moi et souhaitaient même que j'intègre leur équipe. Certains de mes meilleurs amis pilotes travaillent sous leur bannière. Je sais qu'ils seront présents au Supercross de Paris, mi-novembre 2023. Le rendez-vous est pris et je convie l'équipe du documentaire : cinq personnes, dont deux cameramen et un preneur de son. Je fais exprès d'arriver en fauteuil roulant. C'est mon petit côté metteur en scène. Deuxième coup de poker : je mise sur le fait qu'on dise plus facilement « oui » à un type en situation de handicap quand il a des caméras braquées sur lui. J'expose mon projet aux patrons de Yamaha. Je leur montre quelques vidéos de moi en train de rouler, histoire de les rassurer un peu. Et je me lance.

– Le projet, c'est de participer à l'Enduropale du Touquet, sur une de vos motos.

– Ah oui, quand même ! me vois-je rétorquer.

L'un des directeurs marque un petit temps d'arrêt. Et questionne, juste par précaution :

– L'Enduropale… en 2025, tu veux dire ?

– Non. En 2024.

– Dans deux mois et demi ?!

Face à mon air déterminé, mon interlocuteur éclate de rire.

– Ouh là, poursuit-il, il ne faut vraiment pas traîner !

Je ne peux pas m'empêcher de penser qu'il va peut-être changer d'avis dans la nuit. Mais, à cet instant, je savoure. Et surtout, notre discussion est filmée. J'ai une trace ! Reste à pouvoir remonter sur une moto thermique du même type que celle qui m'a disloqué la colonne vertébrale en 2010. Pour me donner du courage, je nous imagine, mes amis pilotes et moi-même, à l'Enduropale, courant sous les mêmes couleurs. Une *team* soudée par le sens de l'effort et des valeurs humaines très puissantes. Les sports mécaniques ont l'air solitaire mais la convivialité et l'entraide s'y révèlent centrales. Cela m'a toujours apporté énormément d'énergie.

Me voici donc face à une moto thermique de course qui, pour être parfaitement adaptée à mon handicap, va devoir subir de profonds aménagements. On commande une sorte de vérin qui permet de passer les vitesses au niveau du guidon, ainsi qu'un frein, lui aussi en hauteur alors qu'il est habituellement situé au pied. On m'assigne un mécano… et pas n'importe lequel : John Maillon fut le fidèle allié de Stéphane Peterhansel, quatorze fois vainqueur du Paris-Dakar à moto, dont six à bord d'une Yamaha. Les événements prennent une tournure plutôt rassurante ; pourtant dans l'attente des sacro-saintes pièces mécaniques, je n'ai toujours pas pu essayer le véhicule. C'est paradoxalement le moment que je choisis pour appeler mes parents et leur annoncer que c'est une moto thermique qui me permettra de participer à l'Enduropale. Je suis déterminé ; pas l'ombre d'un vacillement dans ma voix. Cette fois, mon père, qui a dû entre-temps se faire à l'idée, émet une réticence purement technique.

– Ta moto ne sera jamais prête à temps. Tu ne te rends pas compte ! Et si quelque chose cloche dans les aménagements ? Si finalement, tu ne peux pas participer à cette course, qu'est-ce que tu vas raconter aux gens ?

Mon père ne croit pas si bien dire. Ni lui ni moi n'imaginons à ce stade à quel point sa question est sensée. Mais je continue à foncer. Je contacte aussi quelques bons amis pilotes pour leur parler de mon projet. Son de cloche similaire :

– Axel, tu es en chaise roulante. Tu es complètement cinglé !

Seul Arnaud Demeester, le plus titré de l'Enduropale, envisage que mon idée farfelue puisse se concrétiser.

J – 2 mois.

Il est temps de s'assurer que les organisateurs de l'Enduropale du Touquet acceptent que je participe à la course. Troisième coup de poker en vue. Je m'invite à une réunion de préparation en leur compagnie : David

Hauquier, ancien vainqueur de l'Enduropale, Denis Guérin, journaliste de formation, et Frédéric Schots, dont le fils fut gravement blessé dans cette course en 2008, sont présents. Ce dernier veille particulièrement à la sécurité. Évidemment, j'arrive avec des caméras. J'expose mon projet au trio dirigeant ainsi qu'à une cinquantaine de personnes qui œuvrent en coulisses pour faire de cette compétition un événement majeur. Je sens une bonne réceptivité. Je suggère cependant quelques aménagements liés à mon handicap, pour limiter les risques d'accident : par exemple, bénéficier d'une position à l'avant du convoi de démarrage. Ces deux kilomètres et demi qui mènent à la grille de départ et pendant lesquels les pilotes restent au coude à coude présentent un vrai risque pour moi. Une perte d'équilibre me coûterait très cher. Les organisateurs demandent réflexion : pourquoi bénéficierais-je d'un quelconque avantage, alors que je veux me confronter aux valides ?

– Quoi qu'il arrive, Axel, il y a un présupposé à ta participation à l'Enduropale : tu as bien ta licence ?

Elle m'était complètement sortie de la tête ! Sans licence, je ne suis pas couvert par les assurances. Si tel n'est pas le cas, je ne peux pas concourir. Adieu l'Enduropale, le documentaire et ma crédibilité ! Quelqu'un à la Fédération française de moto va-t-il être suffisamment fou pour m'octroyer ce papier alors que je suis handicapé ? J'appelle les responsables. À ma grande stupéfaction, l'accueil est bon. L'inclusion a du sens à leurs yeux. Mais l'obtention de la licence est conditionnée par des tests : il faut s'assurer que je suis en mesure de rouler sans présenter de danger ni pour les autres ni pour moi-même. Ces épreuves ont lieu généralement à pied et au regard du dossier médical. Sauf que mon dossier ne donne pas franchement envie de s'investir et que je me sais bien plus alerte sur une moto que debout. J'essaie de convaincre mes interlocuteurs : il faudrait qu'ils me testent quand je suis en train de rouler. Parfois, je n'explique pas d'où vient ma force de conviction. Mais j'y crois tellement que cela fonctionne : ils acceptent ! Un de leurs délégués viendra m'évaluer à Loon-Plage, dans le Nord. Mais quand ? Nous sommes en décembre 2023, l'homme missionné s'envole bientôt pour les États-Unis à l'occasion des fêtes de Noël. Il doit absolument venir me voir avant !

Les tests sont programmés le 20 décembre. La veille, nous recevons *in extremis* le fameux vérin qui va me permettre, enfin, d'essayer cette moto sur laquelle je ne me suis encore jamais entraîné. Si, si, vous avez bien lu : je n'ai encore jamais pu m'entraîner sur ce véhicule ! J'envoie un message à l'évaluateur pour m'assurer qu'il n'a pas oublié notre rendez-vous fixé au lendemain, 13 h 30. Il répond, lapidaire : « OK, pas de problème, à demain. » Enfin, tout va se concrétiser !

J – 1 mois et demi.

Au petit matin, je suis assez excité. J'ai conscience que toute l'énergie déployée jusqu'ici n'aura servi à rien si cette journée n'est pas concluante. Je vais jouer mon rêve en quelques minutes, et cette fois il n'y a pas de coup de poker qui tienne ! L'échéance pourrait me stresser ;

au contraire, je suis galvanisé. Je me rends aux ateliers bien en avance, pour avoir le temps de me préparer. J'y rencontre pour la première fois physiquement John, mon mécano. Le courant passe tout de suite. Des directeurs de Yamaha sont là, l'équipe de tournage de Canal+ aussi, de même que France 3, la presse locale... Beaucoup de journalistes sont curieux de voir le pilote handicapé remonter sur une moto thermique, treize ans après son accident. On me montre comment fonctionne la bécane, on apporte encore quelques ajustements avec des cale-pieds plus larges, une selle plus creusée. Il pleut des cordes. Je gèle. Une idée me traverse l'esprit : qu'est-ce que je fous là ? Je monte sur l'engin. Pas d'appréhension. Pas de palpitations. Pas de sueurs froides. Je mets les gaz. Pas de plaisir particulier non plus. Juste le goût du challenge, mais plus puissant que jamais ! Il est 13 h 30 et l'évaluateur n'est pas là. 13 h 40 : je l'appelle, un peu tendu.

– Tu es là dans combien de temps ?

– Comment ça, je suis là dans combien de temps ?

– Tu te souviens qu'on a prévu les tests pour la licence, aujourd'hui ? Je te l'ai même rappelé hier !

– ... Oh là là... J'ai complètement oublié !

– Pardon ?!

– J'ai oublié Axel, je suis désolé. Je ne vais pas pouvoir venir. Je pars aux États-Unis demain, j'ai trop de choses à préparer.

– Impossible, tout le monde t'attend ! Les patrons de Yamaha ont fait le déplacement, il y a Canal+, il y a la presse locale ! Et surtout... moi, je t'attends !

Avec l'énergie du désespoir, je parviens à le convaincre. Il sera là dans une heure… Une heure à patienter dans le froid et la pluie ! Et si cette bévue jouait en ma faveur ? Il arrive. Je fais deux ou trois tours devant lui. Je me sens bien. Tout se passe le mieux possible.

– Maintenant, Axel, dernier test ! assène-t-il. On couche la moto par terre comme si elle venait de tomber et tu la remets debout.

Un pilote valide se relèverait assez simplement, tout en soulevant sa moto par le guidon. Pour moi, c'est impossible. Je peux certes stationner debout grâce à mes attelles mais rappelez-vous que je n'ai presque plus aucune sensation ni puissance dans les jambes. Je ne peux donc faire levier sur aucun objet à la force de mes cuisses, et encore moins sur un monstre de cent cinq kilos. Comment faire ? Les fesses dans le sable, je m'échine à pousser comme un fou sur ce guidon, imaginant un miracle. Échec cuisant. La moto ne se soulève que de quelques centimètres. Je commence à paniquer. Je ne vois absolument pas comment procéder. J'essaie de me ressaisir. Transcendé par la volonté d'y parvenir, je pousse, pousse encore sur mes bras, comme un bourrin décérébré. Je pense à ces vidéos où des humains chétifs arrivent à soulever des voitures pour tirer d'affaire leur progéniture. Mais rien n'y fait. La panique décuple. C'est rare, chez moi, mais lorsque mon mécanisme interne se grippe, cela peut faire des dégâts. Mon mécano, à quelques centimètres, me souffle :

– Essaie de te mettre à genoux. Ça va passer !

J'utilise les quelques muscles efficients qu'il me reste dans mes fléchisseurs de hanches pour m'agenouiller dans le sable. Il flotte de plus belle ; qu'est-ce que je caille ! Le chef opérateur qui me filme ne sait plus comment ôter les gouttes qui s'accumulent sur son objectif. Tout le monde se demande si mes grandes ambitions ne sont pas en train d'exploser comme un ballon de baudruche. Je pose mes mains sur le guidon et j'essaie de pousser à nouveau de toutes mes forces. La moto se soulève ! Une fois qu'elle est verticale, je la maintiens en équilibre, les deux mains posées sur la selle. Je prends doucement appui sur elle pour mettre un pied au sol, puis l'autre, et enfin déplier l'intégralité de mon corps. Je suis debout !

– Tu sais piloter ta moto, tu sais la relever. On est dans les clous ! énonce l'évaluateur qui repart aussitôt boucler ses valises.

J'ai ma licence. Immense soulagement ! L'Enduropale du Touquet n'a jamais été aussi proche. Je téléphone à Anne, mon ancienne kiné et coach de natation, et lui annonce ma participation. Elle s'écrie :

– Mais pourquoi tu veux faire ça ? Tu es fou ! Tu es père de famille, enfin !

Anne est tétanisée. Elle s'y connaît particulièrement bien en sports mécaniques et mesure immédiatement le danger. Challenge inconcevable pour cette femme si fidèle et si bienveillante à mon égard, avec qui j'ai vécu déjà tant de victoires mais aussi de désillusions.

Je passe les fêtes de Noël dans le Nord. Superstitieux comme beaucoup de sportifs, j'évite d'aborder le sujet de l'Enduropale en famille. Je pars skier en fauteuil, je me détends, mais au fond de moi je sais qu'il me reste la partie mécanique à gérer en un temps record car cette fichue moto ne convient toujours pas. Le système de vérin que nous avons mis au point s'assortit d'un inconvénient monumental : j'ai besoin de couper les gaz chaque fois que je souhaite passer une vitesse, alors que les autres pilotes le font à la volée, sans décélérer. J'ai entendu parler d'une petite pièce, un *shifter*, qui me permettrait de pallier cette difficulté. On la commande. Se passent encore dix jours. Mais notre tentative échoue. Rien ne fonctionne comme je l'espère. M'obstiner revient-il à foncer dans le mur ? C'est normal que vous vous posiez la question ! Moi-même…

20 janvier. J – 15 jours. *Tic-tac, tic-tac.*

Tant pis. Je pars tout de même m'entraîner avec John. Chaque jour, des journalistes sont présents pour scruter mon évolution. Mais pour le moment, cela relève plutôt du fiasco : la moto cale régulièrement. Combien de temps vais-je rester crédible ? Les ennuis s'accumulent, j'ai maintenant un problème de boîte de vitesses. Nous la démontons pour en avoir le cœur net : tous les pignons sont effectivement cassés. Une boîte de rechange ? Il n'y en a aucune d'avance. Il va falloir faire autrement. Je commence sérieusement à perdre patience.

J – 7 jours.

Je bascule dans l'ère des compromis. Plus question de m'accrocher à mon idéal technique. Je fais tout voler en éclats et j'avance. John me propose de rouler avec une boîte de vitesses d'origine, moins performante mais plus sécurisée. Il cherche à me tranquilliser. Comme ce type est brillant, il passe ses nuits à calculer par ordinateur quelle vitesse de pointe je peux atteindre avec ce système. La moto est testée, retestée sur un banc composé de gros rouleaux qui font tourner les roues, sur place. Je remonte dessus le lundi. Et… elle cale à nouveau.

J – 2 jours.

Je suis dépité. À dire vrai, je n'y crois plus beaucoup. Abandonner n'est cependant pas une option. Je sollicite Guillaume, chef d'atelier, pour qu'il organise un entraînement sur mesure. Il me reste quarante-huit heures avant la course ; ce n'est quand même pas délirant, comme demande ! Il botte en touche. Il a d'autres priorités et elles portent des noms qui me sont chers : Milko Potisek, mon grand ami, triple vainqueur de l'Enduropale, et Todd Kellett, le vainqueur britannique de la précédente édition. Je suis arrivé après tout le monde, je suis en situation de handicap… Le boulet ! J'apprends que Guillaume a prévu de faire travailler mes coéquipiers le mercredi. Mais il refuse que je me joigne à eux.

– Je m'occupe des autres, et ensuite je reviens te chercher et on s'entraîne, me promet-il.

Soit.

J – 1 jour avant d'aller au Touquet.

J'ai beau me raisonner, mon thorax commence à ressembler à une cocotte-minute. J'ai l'impression que personne ne veut m'aider. Je suis tout seul dans mon délire. Pour couronner le tout, une vague de tentatives de dissuasion s'abat massivement sur moi. Les pilotes que je croise ne prennent plus de pincettes : « Tu es complètement fou », « Ne fais pas ça, tu es dingue », « Axel, réfléchis bien », « Tu risques gros ! »... Ils envisageaient tous que j'abandonnerais en voyant l'échéance se rapprocher. Puisque ce n'est pas le cas, ils ont de plus en plus peur pour moi.

À défaut de rouler moi-même, je recueille des informations à droite, à gauche, pour connaître les performances de mes amis pilotes à l'entraînement, les jours précédents. J'ai dans l'idée de pouvoir au moins me comparer à eux, pour savoir ce que je vaux. Puis j'attends Guillaume pour aller m'entraîner. J'attends encore. Il tarde à revenir. Le mécano de Milko passe en trombe devant moi, l'air inquiet. Il tremble de tous ses membres. Je hasarde :

– Bon, quand est-ce qu'on va faire les tests ? Je vous attends depuis quarante minutes, les gars !

– On ne va faire aucun test. Aucun. Je suis désolé.

– Tu plaisantes ? La course, c'est demain !

J'entends à cet instant la sirène des pompiers.

– Je ne me fiche pas du tout de toi ! Milko vient de tomber. C'est très grave.

Je suis abasourdi. Sonné. Je connais Milko depuis que j'ai huit ans, c'est un ami d'enfance. On s'est souvent entraînés ensemble. Depuis six mois, il travaille comme un acharné pour l'Enduropale. Je m'imaginais déjà me précipiter vers lui à la fin de la course pour le féliciter.

Sa moto est en miettes et lui est à l'hôpital. J'ai peur pour lui. Mon envie est en train de se faire la malle.

Quelques heures plus tard, le verdict tombe : bassin fracturé, sacrum abîmé, pneumothorax. Milko s'est aussi cassé des côtes, les poignets et un pied. L'Enduropale, c'est terminé pour lui.

TENTER LE TOUT POUR LE TOUT
pour n'avoir aucun regret

Tenter le tout pour le tout peut revêtir plusieurs réalités qui ne dépendent pas exclusivement de nous-mêmes. Mais cela revient toujours à faire en sorte de ne pas avoir de regret. Je m'explique : dans les disciplines qui ont été les miennes, la performance induit un fort engagement de la part de la famille. J'ai été porté moralement, accompagné physiquement. Même si mes parents ne partagent pas cet avis, j'estime qu'ils ont sacrifié une partie de leur tranquillité, de leur confort. Je leur dois d'avoir tenté le tout pour le tout pour soutenir mes rêves.

À des niveaux encore plus impressionnants, je pense à Christophe Pourcel, grand champion de motocross. Ses parents ont vendu leur maison, leur boucherie et ils ont vécu en camping-car pour financer la carrière de leur fils. Christophe a pu déployer ses ailes. Il est devenu champion du monde. J'ai personnellement assisté à toute son aventure.

Dans un autre genre, celui qui force mon admiration, c'est Olivier Goy. Un entrepreneur français atteint de la maladie de Charcot, une pathologie dégénérative et incurable qui paralyse petit à petit ses muscles et ses neurones. Pronostic vital : entre trois et cinq ans. Pour autant, Olivier n'a cessé, depuis son diagnostic en 2020, de multiplier les initiatives pour faire connaître cette maladie, éveiller les consciences, faire progresser la recherche médicale. Il a fait l'objet d'un magnifique documentaire, *Invincible été*, sorti au cinéma. Les profits liés aux ventes internationales sont destinés à l'Institut du cerveau. Olivier tente le tout pour le tout, jusqu'au bout, sans relâche.

À mon niveau, depuis mon accident, il est assez clair que je vis de façon à ne jamais nourrir de regrets. Ce principe induit une implication totale de ma part. Même si mes objectifs sont parfois difficiles – insurmontables, diront certains –, j'essaie tout ce qui est en mon pouvoir, avant de renoncer éventuellement. C'est aussi le meilleur moyen pour rapidement dépasser un échec : si je me suis démené pour y arriver mais que je n'y suis pas parvenu, je n'ai pas à culpabiliser. Ce n'était pas mon moment. Je passe à autre chose.

Une dernière chose importante : il est impossible d'être *à fond* à toutes les étapes de notre existence. On s'épuiserait ! Il est donc capital de prioriser ses aventures et l'engagement qu'on y met. Moins mais mieux !

Un petit mensonge vaut mieux qu'un long discours

Comme tout le monde s'affaire pour aider Milko, je sollicite le soutien d'Adrien van Beveren, pilote de moto qui a déjà participé au Paris-Dakar, pour m'entraîner. Je m'élance en mettant les gaz à fond. Calé dans ma poche, mon téléphone calcule ma vitesse de pointe : 167 kilomètres-heure. Mes collègues, dans des conditions similaires, sont montés à 169 kilomètres-heure. Ce n'est pas si différent. Ce dont j'ai rêvé serait-il possible… malgré tout ?

Il me reste un détail à régler et non des moindres. Yamaha s'est mis à craindre l'accident, qui serait catastrophique pour l'image de la marque. Quelques jours auparavant, j'ai reçu un coup de fil lunaire dont le but était de m'expliquer gentiment que d'un commun accord avec les organisateurs de l'Enduropale (la notion de « commun » m'excluant !), il avait été décidé de quelques aménagements. Leur brillante idée ? Que je parte seul devant le convoi des pilotes, pour que mon équipe documentaire filme de jolis plans aériens, en drone. Ensuite, sur la grille de départ, je me laisserai devancer par tous mes adversaires pour partir en bon dernier, sans aucun risque. « Cela ne fera aucune différence pour le grand public, m'a-t-on placidement expliqué. Les gens te verront quand même remonter sur une moto et c'est ce qu'ils attendent ! » Ces dirigeants n'ont rien compris à ce qui me motive. Ils m'ont pris pour un gugusse égocentré qui ne cherche qu'à faire de l'image, accroître sa notoriété et serrer des mains ? Cela m'a mis hors de moi et je l'ai fait savoir.

– Ce que vous me proposez n'a aucun sens ! Aucun ! Je concours pour me confronter aux valides. C'est une compétition et une performance ; c'est ça qui m'anime ! Les images n'ont de sens que si elles montrent quelque chose de cohérent !

– D'accord, Axel, mais tu es en situation de handicap. C'est déjà bien que les organisateurs te laissent prendre le départ de cette course.

Nous y voilà : le handicap comme principe de minimisation des objectifs de vie ! De qui se moque-t-on ? J'ai demandé un peu de réflexion. Je suis allé voir Charlotte qui évoluait à quelques mètres de moi dans la maison. Il était 18 heures, le pire moment pour elle qui donne le bain aux enfants.

– Charlotte ? Je crois que je ne vais pas faire l'Enduropale.

– Qu'est-ce que tu racontes ?

– Ils veulent me faire partir dernier.

Je l'ai laissée digérer l'information et suis reparti, hagard, me plonger dans mon ordinateur. Nous n'en avons plus parlé jusqu'à ce que les petits soient couchés. Là, ma compagne s'est tranquillement assise à mes côtés.

Elle sait quand je ne vais pas bien, même si je suis peu démonstratif. Nous avons beaucoup discuté et son sens de la psychologie a fait des étincelles : je suis sorti de notre échange avec une nouvelle énergie et une idée. J'allais prendre Yamaha et les organisateurs de l'Enduropale au dépourvu en conviant à une réunion en visio le docteur Khaled qui m'avait suivi pendant toute ma rééducation. Lui savait exactement quels muscles j'avais récupérés après mon accident et de quoi j'étais capable. Un avis scientifique, c'était imparable. Quatrième coup de poker !

Mon ancien médecin s'est effectivement montré très rassurant. Il a confirmé que j'avais toutes les capacités physiques nécessaires pour tenir en équilibre sur une moto. J'ai aussi rappelé à mes interlocuteurs que j'avais obtenu ma licence en bonne et due forme, que je n'étais ni déprimé ni suicidaire, et que je savais ce que je faisais. Au fil des discussions, j'ai compris ce qui effrayait tout le monde, sans que personne ne l'énonce clairement : le *holeshot*, sa cohue et les chocs possibles. C'était légitime : le danger de me faire broyer par les autres pilotes et de ne pas en sortir vivant existait. Mais je n'allais pas abandonner si près du but. Parfois, on n'a pas le choix : pour avancer, un petit mensonge vaut mieux qu'un long discours.

– Non, non, les gars, je ne veux plus faire le *holeshot*. Ça, c'était avant ! La situation a beaucoup évolué. Maintenant, mon objectif, c'est de partir avec tout le monde, mais de faire seulement ce que je peux. Dès que cela deviendra compliqué, je me mettrai sur le côté. Je ne prendrai aucun risque.

Ils ont tous été tellement rassurés que le seul aménagement proposé par rapport à mon handicap a été de porter un dossard jaune qui m'assure une place parmi les cinquante premiers pilotes du convoi. Cela minimisait un peu les risques.

J'arrive au Touquet jeudi 1er février 2024. John a par chance trouvé un moyen pour que ma moto ne cale plus. Alléluia ! Seul handicap technique qui subsiste : chaque fois que je voudrai passer une vitesse, je devrai brièvement couper les gaz. Une perte de temps évidente mais je n'ai plus le choix : il va falloir faire avec. Je pars repérer la plage, me rends compte qu'elle est bien lisse, sans crevasses ni tranchées. Rassurant. Pendant deux jours, j'enchaîne les séances photos, les interviews, la conférence de presse. Je sens une réelle appétence de la part des journalistes, excités d'assister à mon come-back sur une moto. Bon nombre de fans m'interpellent pour me faire part de leur admiration. Le samedi, j'assiste aux départs des autres catégories. Je m'aperçois que ce n'est pas une grille qui s'abaisse pour laisser s'échapper les pilotes, mais un élastique qu'on relâche. Régulièrement, certains anticipent légèrement le départ. Je classe cette information dans ma mémoire, sans y prêter plus attention pour le moment.

Dimanche 4 février. Jour J.

Ma femme et mes deux fils ont fait le déplacement, mon beau-père et ma belle-mère aussi. Imaginez : leur fille a beau leur avoir présenté il y a quelques années un amoureux en fauteuil roulant, ils viennent me soutenir lors d'une course ultra-dangereuse alors que nous avons désormais deux enfants en bas âge ! Des amis d'enfance sont aussi au rendez-vous, de même que Hervé Diers, mon coéquipier du Dakar, et Armando, mon ancien mécano. Ce dernier m'a ramassé à moitié mort en 2010. J'aimerais qu'il éprouve aujourd'hui une autre sensation. Il m'attendra tout à l'heure à la fin de ma ligne droite. Anne, ma kiné et prof de natation au centre de rééducation, est bien sûr présente. Elle qui avait clairement tenté de me dissuader intériorise désormais son angoisse, plus puissante que jamais. Et lorsque je la croise et que je lui demande si ça va aller, elle donne immédiatement le change, plante son regard dans le mien et rétorque énergiquement, comme si elle n'avait aucun doute : « Bien sûr, que ça va aller. » Cette vingtaine de soutiens extrêmement précieux me donne une force phénoménale ! Mes parents, eux, sont restés aux États-Unis, comme je l'imaginais. C'est dur pour moi, moralement. C'est, je crois, la première fois que mon père n'est pas à mes côtés pour une épreuve. Mais je comprends. Ma mère ne peut tout simplement pas assister à cette course, ni physiquement ni à la télévision. Elle a annoncé à tout le monde qu'elle attendrait que j'aie franchi la ligne d'arrivée, sain et sauf, pour éventuellement voir quelques images. Je suis conscient que je lui fais revivre un véritable cauchemar et il me faut beaucoup de volonté pour garder le cap sans trop me poser de questions. Si je parviens à ne pas faillir, c'est que je sais au fond de moi combien cette épreuve est fondamentale pour me permettre d'avancer encore. J'ai besoin d'une revanche. J'ai besoin de boucler la boucle avec la moto. Et peut-être avec moi-même, sans mon père.

Je passe le nez dehors. Après toutes ces semaines de pluie et de froid intense, je redoute la météo. Pas par confort mais parce que ma paraplégie peut me jouer des tours : si mes orteils gèlent, je ne m'en rendrai pas compte à cause de l'absence de sensations. Heureusement, ce matin-là, le mercure monte à 10 °C. Une petite bruine nappe Le Touquet d'un voile romantique. Nos vêtements de moto sont stylés mais ils ne protègent pas des intempéries. Je porterai dans quelques minutes un maigre lycra et serai trempé jusqu'aux os. Je salue mes proches avant de sortir de l'hôtel. Oscar embrasse mon casque pour me souhaiter bonne chance. « À tout à l'heure, papa. » Sa phrase, pleine d'innocence et de premier degré, m'émeut. Le « À tout à l'heure » des adultes est bien différent. Dans leurs yeux, je perçois distinctement un sous-texte plus alarmant, qui ressemble davantage à « On espère vraiment te revoir tout à l'heure ». Dehors, des spectateurs scandent « Axel ! Axel ! ». Je ressens un immense respect de leur part ; j'ai envie de me battre aussi pour eux. J'ai la chair de poule avant même de grimper sur ma moto. À cet instant précis, une pointe de stress me parcourt l'échine. Tous ces mois qui me mènent à cet instant me donnent le tournis !

Charlotte m'accompagne jusqu'au convoi. Elle hasarde un timide « Fais attention, même si je n'ai pas besoin de te le dire ». Je réponds à peine, déjà dans ma bulle. J'ai tout fait pour être là. J'ai la niaque. J'ai hâte. Le vent souffle violemment. Accroche-toi, Axel ! Le coup d'envoi est donné. Nous voici collés les uns aux autres mais l'allure est moins soutenue que ce à quoi je m'attendais : nous roulons à 20 ou 30 kilomètres-heure. Une fois sur la plage, huit cents mètres s'étirent pour arriver sur la grille de départ. Huit cents mètres à pleins gaz ! Pas question de relâcher mon attention : il faut absolument que je figure dans les quarante premiers pilotes pour espérer me trouver sur la toute première ligne de départ et éviter ainsi le maximum de risques. J'y vais à fond ! J'ai une excellente trajectoire, je me sens à l'aise. Si je continue ainsi, tout droit, j'aurai atteint mon premier objectif. Le sable gicle sous mes pneus. Soudain, un pilote s'invite dans mon champ de vision. Il fend la plage en diagonale depuis ma droite, d'abord à une trentaine de mètres. Il s'approche. Quinze mètres. S'approche encore. Qu'est-ce qu'il fait ? Il me percute en me coupant la route à l'équerre ! Ma moto tangue, je perds le contrôle, les deux pieds dans le vide ! Elle part en *wheeling* : la roue avant se soulève. Je ne sais pas comment c'est possible, mais mes pieds se replacent sur la moto. Je reprends ma trajectoire. L'adrénaline semble se déverser dans mon corps par kilolitres. Quelle frayeur ! Je viens de frôler l'hôpital, pour ne pas dire pire. Encore quelques mètres… J'y suis… aux côtés de mille trois cents pilotes valides, prêts à m'élancer pour le *holeshot* de l'Enduropale du Touquet ! Personne dans le public ne le sait, mais me retrouver là, sur une moto thermique, après tout ce que j'ai traversé, c'est inouï !

Mon véhicule semble un peu endommagé par le choc et mon cerveau tourne à plein régime. Je me sens en danger ; je ne peux pas m'en empêcher. Ce qui vient de se passer altère soudainement la confiance engrangée pendant ces six mois de préparation. J'ai l'impression d'être au pied du mur, de faire une immense bêtise : et si, lors du départ, je me retrouvais écrasé par les autres pilotes ? Je respire… J'ai réchappé au pire. Je suis resté sur ma moto. C'est donc *mon* jour ! Il faut que j'y croie mais que je reste très prudent. Quinze secondes avant le départ. Les moteurs ronflent. Dix secondes. J'ai deux fils en bas âge, une épouse. C'est tendu. Mais c'est *mon* jour ! La masse bariolée que nous formons se dandine sur les bécanes. Cinq secondes. On dirait des Playmobil prêts à bondir. L'image de ces départs légèrement anticipés la veille me revient. Je patiente encore et décide de m'élancer, un tout petit peu en avance par rapport aux autres. À cause de mon fichu système, je dois couper les gaz momentanément pour gagner en vitesse. Une vingtaine de pilotes me devance immédiatement. Mais il y a suffisamment d'espace entre les motos, je me sens à l'aise, j'accélère, je recoupe les gaz, je gagne encore une vitesse. Une fois en cinquième, c'est le moment tant attendu. Toute mon énergie converge vers l'accélération : 65 kilomètres-heure de vent de face, 170 kilomètres-heure en vitesse de pointe. Je m'agrippe tant que je peux à ma moto. Mes bras sont mon seul salut ; ils m'ont toujours permis de remporter les médailles les plus improbables. Je remonte un premier pilote… Deux pilotes… Mes bras sont complètement tétanisés. Trois pilotes… Je n'en peux plus, tellement j'ai mal. Encore quelques mètres avant le premier virage et la fin de la course pour moi. Allez, Axel ! Allez, donne tout ! C'est bon, j'y suis ! J'arrive deuxième au bout de cette incroyable ligne droite de six kilomètres. Je suis deuxième du *holeshot* ! Je bifurque comme convenu, juste après le virage, pour sortir du circuit. Je l'ai fait ! Bon sang, ça y est ! Armando se précipite vers moi et me prend à bras-le-corps. Nous voilà tous les deux gisant dans le sable à crier, enlacés. Quatorze ans après l'accident, quatorze ans après le cauchemar. À l'autre bout de la piste, un journaliste s'exclame :

– Il vient de s'arrêter. Pari réussi pour Axel Allétru !

Charlotte lâche un hurlement. Elle se met à sauter, le poing levé, avant de s'effondrer en larmes sur la plage.

Je fais le trajet en sens inverse pour rentrer, à bord d'un 4 × 4, en compagnie de Hervé Diers. C'est là que je saisis vraiment. Cette immense ligne droite… C'est un exploit de dingue ! Six mois de montagnes russes émotionnelles, d'espoirs, de désillusions. Je mesure à quel point ce que je viens d'accomplir est porteur de sens, en particulier pour les personnes en situation de handicap. Rien n'est impossible ! Rien ! J'arrive sous les acclamations, ma famille a les yeux humides, j'embrasse Oscar, je cajole César. C'est aussi pour ces moments-là que je me bats. Je suis complètement vidé. Vidé, mais heureux. Ce soir-là, nous fêtons l'événement. C'est mon anniversaire.

CONSIDÉRER LES PROBLÈMES LES UNS APRÈS LES AUTRES jamais tous en même temps !

Rétrospectivement, inutile de le nier : il y avait très peu de chances que je puisse accéder à mon rêve de faire une partie de l'Enduropale du Touquet. Absolument tout était contre moi, de mon handicap jusqu'aux problèmes de ma moto, en passant par l'incrédulité de certaines personnes clés. Si j'avais prêté attention à toutes ces embûches, il est certain que je me serais senti noyé et que j'aurais abandonné. Mais en les considérant les unes après les autres, très méthodiquement, comme un archéologue des ennuis, j'ai limité le stress et conservé mes facultés de réflexion.

Untel ne croit pas en mon projet. Est-ce que moi, j'y crois ? Oui. Est-il une pièce maîtresse sur l'échiquier de ma réussite ? Oui ou non. Si la réponse est oui, puis-je essayer de le convaincre directement ? Si ce n'est pas le cas, quel levier activer ? Etc.

Ce n'est pas toujours simple. Je ne prétends pas donner systématiquement l'exemple, car il m'arrive d'être submergé par un agacement ou une incompréhension. Mais j'essaie de dénouer les conflits par le dialogue et de me poser pour relativiser. Le concours de la personne qui partage votre vie, si tant est qu'elle soit à l'écoute de vos problèmes et de vos envies, peut faire partie de la solution, surtout quand on manque soi-même de recul.

TOUJOURS AVOIR L'IMPRESSION D'AVOIR LE CHOIX même si c'est parfois illusoire

Abandonner mon projet de participer à l'Enduropale du Touquet ? C'est une idée qui m'a parfois effleuré – parfois, j'ai dit –, tant les circonstances semblaient jouer contre moi. J'accepte ces moments de découragement qui permettent de prendre de la distance et de mieux rebondir. Mais j'ai remarqué que j'avais dans la tête une petite soupape que j'active régulièrement quand je me sens dos au mur : je fais toujours en sorte d'avoir une échappatoire. Ou plutôt : je fais toujours en sorte d'avoir l'impression d'avoir une échappatoire, car c'est parfois illusoire. Par exemple, quand j'ai passé ma licence de moto, je me suis fait une entorse au genou, sans m'en apercevoir en raison de l'insensibilité de mes jambes. Je n'en ai pris conscience que parce que ma rotule avait beaucoup gonflé. Il y avait une petite possibilité pour que cela dégénère et m'empêche de participer au *holeshot* de l'Enduropale. Alors j'ai commencé à documenter ma blessure, en prenant des photos de mon genou tous les jours. Si cela avait contrecarré mes plans, j'aurais eu de quoi expliquer mon abandon, preuves à l'appui. Il était important pour mon équilibre mental de mettre cette cause à distance, d'éviter toute culpabilisation et de conserver le choix de participer ou non à la compétition. Cela peut vous sembler relever d'une sorte de cosmétique de l'esprit. Mais c'est grâce à ce genre de petits détails que je me facilite la vie.

SAVOIR SE FÉLICITER
même si on nous prend pour un égocentré

Se féliciter et se valoriser quand on le mérite me semble important. Et sans attendre que les autres le fassent ! Souligner qu'on a fait du bon travail, réalisé quelque chose de difficile, contribue à consolider l'estime de soi et permet d'entreprendre de grands projets. Quand je m'attaque à une difficulté, je « m'autocoache » : « Tu peux le faire ; tu vas le faire ! »

Quand j'ai psychologiquement atterri après l'Enduropale, je me suis dit : « Tu es vraiment bon pour monter des projets ! Tu as mobilisé plusieurs partenaires importants en peu de temps, tu les as embarqués par ton enthousiasme et tu as réussi à atteindre ton rêve. C'est bien ! » Les gens ne voient souvent que le résultat : j'ai terminé deuxième du *holeshot* et j'ai concouru face aux personnes valides. Ils ne perçoivent pas tout l'envers du décor et les innombrables barrières que j'ai dû faire sauter pour me retrouver sur la grille de départ. Je ne leur en veux pas mais moi, j'en suis conscient.

Cela n'a rien à voir avec un « ego-trip ». Je crois que j'ai acquis cet état d'esprit pendant mon enfance, quand mes victoires n'étaient pas particulièrement soulignées par mon père. Des félicitations chaleureuses, des applaudissements, j'en recevais, mais pas de sa part. Ou en tout cas, pas comme je l'aurais souhaité. J'en ai développé une capacité à m'autocongratuler pour continuer à avancer. Je nourris un feu intérieur qui ne dépend de personne d'autre que moi. Mais cela a ses limites et j'en ai parfois souffert. Alors avec mes enfants, j'essaie d'être aussi cette voix référente qui les congratule régulièrement.

Et après ?

Pour finir, je pourrais vous entretenir de mon prochain défi : le Paris-Roubaix à vélo. Soixante-dix kilomètres en équipe où chacun d'entre vous est convié, quel que soit son niveau sportif, du moment qu'il est motivé ! Rien d'autre à la clé que le plaisir fou de se dépasser tous ensemble. Je pourrais aussi vous raconter que j'ai dans un coin de la tête un challenge encore plus fou : réaliser un immense saut en voiture électrique au-dessus de la Seine.

Et puis quoi encore ? Après quoi court-il, cet homme ? Sera-t-il malheureux le jour où il n'aura plus de défi ? vous demandez-vous peut-être.

Il m'arrive de me poser ces questions mais elles ne m'effraient pas. Les raisons sont multiples. Déjà, le vrai défi de mon futur, ce sont mes enfants. Je veux être présent pour eux, les voir grandir et s'épanouir dans les activités de leur choix, qu'il s'agisse ou non de sport. Ensuite, parce que depuis cet accident qui a radicalement bouleversé ma vie à l'âge de vingt ans, je n'ai jamais été aussi confiant en l'avenir. Cette épreuve aurait pu me clouer au sol ; elle m'a au contraire appris que nous avions la capacité de tout réapprendre de zéro. J'ai fait très peu d'études, j'ai été en partie privé de mes jambes à un âge où on est en pleine construction physique et psychologique. Ce coup du sort a posé le premier jalon de mon engagement en faveur d'une vie où on ose, où on tente, où on accepte de se tromper, d'être déçu mais où on fait toujours du mieux que l'on peut. Rester dans l'action plutôt que se montrer attentiste. Provoquer les rencontres plutôt que les attendre. Accepter ma situation sans pour autant me résigner. Je ne me suis jamais arrêté d'espérer, d'y croire et de regarder droit devant. Cela n'a pas toujours été facile. Je ne me plains de rien, même s'il m'est arrivé de souffrir aussi bien physiquement que moralement. Cependant, les obstacles m'ont permis de mieux comprendre comment alimenter mon feu intérieur. J'ai fait le tri dans ceux qui m'accompagnent, j'ai recherché le soutien et la bienveillance. Je me suis de plus en plus et de mieux en mieux écouté. J'ai déplu à certains, aussi, car mes choix semblaient parfois radicaux. Mais je ne regrette rien.

Je ne suis pas du tout un superhéros et je veux encore moins passer pour tel. Je suis conscient que nous n'avons pas tous les mêmes chances dans la vie. Une lésion médullaire encore plus grave m'aurait sans doute privé de l'évolution que j'ai connue. Je reste humble par rapport aux autres personnes en situation de handicap. Je les respecte infiniment et les admire, quel que soit leur parcours. Je sais ce qui leur en coûte pour maintenir un équilibre quand le regard de la société se révèle encore si stigmatisant. Elles aussi m'ont fait progresser dans la perception que j'avais du handicap. Ce n'est pas une fatalité mais une difficulté, certes particulière, dont on peut ressortir grandi. En ce qui me concerne, j'en ai hérité une force vitale très puissante. Bien plus puissante qu'avant l'accident ! Il y a aussi une question de mental, plus ou moins fragilisé par des épreuves de vie, par l'entourage. Là encore, nous ne sommes pas tous égaux. Commencer son existence avec un déficit de confiance en soi constitue un handicap invisible mais très bloquant.

Alors pourquoi, même en ayant conscience de tous ces paramètres, avoir pris la parole pour vous raconter ma vie ? Parce que aujourd'hui j'ai à cœur d'aider les autres ; tous les autres qui pourraient trouver entre ces lignes de petites clés, de minuscules impulsions pour se donner du courage et se dire que rien n'est impossible. Mon histoire, si elle peut rencontrer la vôtre, n'aura pas été vaine. Je l'ai peu à peu compris au fil de mes conférences, quand des participants venaient, au terme de mon allocution, me raconter leur cheminement, me tendant un miroir inédit qui nourrissait ma compréhension d'autrui et de moi-même.

Ce dont je suis désormais persuadé, c'est que nous avons tous, quels que soient nos différences, notre milieu, notre âge, notre éducation, notre parcours, la possibilité – le devoir ? – d'essayer avant d'abandonner. Vous voulez changer d'études, de métier ? de mode de vie ? Vous avez envie de chanter, de jouer la comédie depuis trente ans ? de sauter en parachute ? de devenir maître-chien ? Pourquoi ne pas essayer ? Pourquoi cela serait-il impossible ? Parce que vous avez peur ? Cela se comprend. C'est un sentiment qui fait partie de nos outils pour survivre et nous prémunir contre les dangers. Et la situation économique ne nous incite pas à nous montrer audacieux. Mais, bien souvent, ces dangers sont des constructions mentales, transformées en croyances limitantes. Le fameux plafond de verre contre lequel on se heurte et qui nous fait redescendre encore plus bas, le moral en berne.

Tenter le tout pour le tout. Se donner les moyens de ne rien regretter pour alimenter une sérénité intérieure et un engrenage vertueux qui pousse à l'action : c'est l'objectif de toute une vie. Rêver, rêver encore, très fort, extrêmement haut ! Sans que personne ne vienne nous expliquer que ce n'est pas possible, que nous ne sommes pas faits pour cela.

Rêver ! Et toujours rebondir.

Postface

Je m'en souviendrai toute ma vie. Quand j'ai ouvert pour la première fois la porte de la chambre d'Axel au centre de rééducation, je m'apprêtais à devoir lui remonter le moral après l'abominable accident qui lui avait ôté l'usage de ses jambes, à seulement vingt ans. J'avais prévenu mon équipe : à nous de le préparer psychologiquement à faire le deuil de son histoire antérieure, afin qu'il accepte de vivre dignement et en autonomie, en fauteuil roulant. J'avais tout faux ! Ce jeune homme solaire qui m'a accueilli avec un sourire radieux m'a bouleversé. Il a pulvérisé mes présupposés de scientifique et tout ce que la médecine avait pu m'enseigner. Un blessé passe généralement par une période de grande déprime. Non seulement Axel souriait mais il était déjà prêt, dans sa tête, à partir au combat ! Un combat qu'il allait en premier lieu mener contre lui-même : après un accident d'une telle gravité, il aurait pu sombrer. Il a préféré regarder droit devant, sans rancœur, sans colère et se donner deux ans avant de dresser le bilan de ses progrès, alors même que beaucoup lui tenaient un discours pessimiste sur ses perspectives d'autonomie.

J'ai été stupéfait par son énergie, sa joie de vivre et son enthousiasme à l'idée de s'engager dans une rééducation difficile, à l'issue plus qu'incertaine. J'ai suivi Axel pendant tout son parcours au centre *L'Espoir*. En dépit de ce nom inspirant, je dois bien avouer que je ne pensais pas le revoir un jour debout. La lésion de sa moelle épinière était trop importante. Imaginez une colonne vertébrale disloquée ! Je me suis bien gardé de le lui confier mais, à l'aune de ma carrière qui a commencé en 1994, des cas comme le sien qui parviennent à se remettre debout se comptent sur les doigts d'une main. Et sur cette même main, Axel se distingue encore par sa volonté, sa pugnacité et la puissance de son mental.

Ce qu'Axel nous rappelle aussi, par sa résilience, c'est le pouvoir extraordinaire de notre cerveau. Un enseignement si riche pour nous tous, quelle que soit notre situation ! Il a utilisé la visualisation mentale pour progresser, dès son entrée au centre. Je l'y ai toujours encouragé, m'intéressant moi-même depuis 2006 à ce type d'approches complémentaires auxquelles j'ai été initié lors de mes voyages professionnels en Inde, au Tibet. Axel a instinctivement compris, sans être scientifique, que notre corps ne se résumait pas à une somme de capacités mécaniques. Nous formons un tout et nos organes, notre cerveau, les cellules de notre corps, fonctionnent en synergie. Imaginer chaque jour que l'on remarche en se concentrant sur ce qu'on n'est pas encore capable de faire physiquement peut aider à recouvrer certaines capacités. Lorsque des collègues se montrent dubitatifs, je les invite à consulter les résultats scientifiques désormais disponibles : l'intention génère un effet réel, mécanique. Et j'ajoute que si une pratique complémentaire ne fait aucun mal à mon patient, je n'ai aucune raison de la dénigrer. La visualisation mentale n'a jamais empêché Axel de pratiquer tous ses exercices. Il l'a même fait plus que de raison ! C'était là notre seule crainte, avec mes collègues : les muscles ont besoin de récupération après un effort pour repartir sur un autre cycle de renforcement, sans quoi le risque est d'obtenir un résultat contraire à celui escompté. Or Axel ne se reposait jamais, sauf quand il dormait. S'est engagée une bataille bienveillante entre nous deux, doublée d'une connivence renforcée au fil du temps. Je suis même allé jusqu'à orchestrer des convocations pour le menacer d'exclusion, comme on monte des spectacles de théâtre. Mais Axel a toujours fait comme il le sentait, n'en déplaise à certains, n'en déplaise à moi-même. Non pas parce qu'il est une tête brûlée mais parce qu'il a acquis une immense connaissance de ses capacités. Comme ses efforts étaient payants, sa confiance s'est aussi renforcée. Un beau cercle vertueux !

Axel n'a cessé de m'épater par ses progrès pendant sa rééducation. Il s'est levé au bout de six mois. Il a remarché au bout d'un an et demi ! Il a défié toutes les lois de la médecine. On aura beau jeu d'arguer qu'il a des parents qui l'ont soutenu, un père lui-même sportif amateur, qu'il a très tôt été habitué à se confronter aux autres et à repousser ses limites. Cela ne suffit pas. Axel est un combattant dans l'âme, quelqu'un qui n'abandonne jamais ; il est de ces humains qui savent combien la vie est courte et fragile, raison suffisante pour aller au bout de soi-même et ne rien regretter. Vous avez donc ici le meilleur coach mental qui soit !

En tout cas, dans ma vie, Axel tient définitivement une place à part. Je ne pourrai jamais l'oublier.

Merci, monsieur le champion !

Docteur Ali Khaled,
spécialiste en médecine physique et réadaptation

Remerciements

Axel Allétru

Ce livre est né d'une rencontre, comme j'en ai tant fait dans ma vie et qui conduit à des petits miracles. Peggy, je ne te remercierai jamais assez d'avoir cru en moi, en mon histoire, et du temps infini que tu m'as consacré par la suite. Tu as su retranscrire à la perfection mon parcours, ta plume lui amenant toute l'émotion et les détails que je n'aurais su exprimer.

Le deuxième remerciement, profond, s'adresse à mes soignants, ces personnes admirables qui consacrent leur vie à prendre soin de celles des autres. On ne mesure pas, avant d'avoir besoin de vous, votre engagement, votre générosité, votre abnégation. Je pense en particulier à Gaëlle, ma kiné, au docteur Khaled qui m'a soutenu tout au long de ma rééducation et même après, à toutes les infirmières comme Audrey, Joséphine, Jessie et ceux dont j'ai oublié le prénom mais pas le sourire ni la gentillesse. À Hakim, mon kiné post-rééducation. À Pierre, mon kiné du Dakar et reporter hors pair. Merci à Anne, ma kiné et ma coach de natation. Je ne te remercierai jamais assez d'avoir cru en mon potentiel et de me suivre encore aujourd'hui dans tous mes défis.

Merci à mes *sparing partners*. Sans vous, les entraînements et les compétitions n'auraient pas été les mêmes. Et en particulier merci à toi, Tom. Tu as été un réel moteur pour moi, grâce à de folles aventures aux quatre coins du monde et ce, malgré ton handicap si lourd.

Merci à tous les bénévoles du handisport. Sans vous, nous ne disposerions pas des structures nécessaires pour pouvoir exercer notre sport.

Merci également à toutes les personnes qui ont cru en mes projets, et ils sont nombreux !

Toute l'équipe du Dakar #jepeux2020, si nombreuse que je ne peux pas tous vous citer. Idem pour toutes les personnes qui m'ont soutenu dans mon projet de l'enduro du Touquet, #jepeux2024.

Merci à tous mes amis d'enfance, du BMX, de la moto, de *L'Espoir*, de la natation, mes partenaires dont certains sont devenus des amis. Mon fidèle mécano Armando et sa femme, qui tiendront toujours une place particulière pour moi.

À ma mamie qui était si fière de son petit coco, tout comme ma marraine, mon parrain ainsi que ma belle-famille qui a su si bien m'accueillir et me soutenir.

Et pour terminer, merci à mes parents qui ont toujours été des piliers, des repères et un modèle dans ma vie ; un soutien sans faille depuis toujours. Et merci à toi Charlotte, qui au-delà d'être ma femme es surtout ma best coéquipière de vie et une merveilleuse maman pour nos deux incroyables petits garçons, Oscar et César.

Remerciements

Peggy Olmi

À ma famille et surtout à Thaïs, Satya et Jérémy. À mes amis. À Francine, Bruno, Charlotte, Ali, Anne pour leurs précieuses confidences. À mes chers *Détectives de l'Histoire* et à Sylvie sans qui rien n'aurait été possible. À Solenne pour son accompagnement si bienveillant. Aux inégalables équipes des *Pouvoirs du corps humain* qui ont créé l'étincelle initiale. À ma sorcière bien-aimée, Fred, pour ses mots qui changent la vie. À Norin pour son fantastique « Et pourquoi pas ? ». Aux chouettes, aux axolotls et à tous ceux qui pensent hors-cadre. Et bien sûr, merci à Axel pour sa confiance et cette formidable aventure.

Table des matières

Composition : Pixellence
Impression : CPI Black Print en octobre 2024
Éditions Albin Michel
22, rue Huyghens, 75014 Paris
www.albin-michel.fr
ISBN : 978-2-226-49800-7
N° d'édition : 26145/01
Dépôt légal : novembre 2024
Imprimé en Espagne